놀면서 배우는 세계 축제 ❶

놀면서 배우는 세계 축제 ❶

초판 1쇄 발행 2013년 8월 30일
개정 1쇄 발행 2016년 11월 15일
개정 8쇄 발행 2023년 9월 01일

글 유경숙 **그림** 송진욱

펴낸곳 도서출판 봄볕 **펴낸이** 권은수 **편집** 김경란 **디자인** 이하나 **마케팅** 성진숙
등록번호 제25100-2015-000031호 **등록일** 2015년 4월 23일
주소 서울특별시 서대문구 서소문로 37 1406호(합동, 충정로대우디오빌)
전화 02-6375-1849 **팩스** 02-6499-1849
전자우편 springsunshine@naver.com **블로그** http://blog.naver.com/springsunshine
스마트스토어 https://smartstore.naver.com/shinybook
인스타그램 @springsunshine0423
ISBN 979-11-86979-20-4 74380 979-11-86979-19-8(세트)

ⓒ 유경숙 2013

• 책값은 뒤표지에 적혀 있습니다. • 봄볕은 올마이키즈와 함께 어린이를 후원합니다.
• 이 책은 콩기름을 이용한 친환경 방식으로 인쇄했습니다. • KC마크는 이 제품이 공통안전기준에 적합함을 의미합니다.
• 이 책은 저작권법에 따라 보호받는 저작물이므로 무단 전재와 복제를 금합니다.

놀면서 배우는
세계 축제 ①

글 유경숙 | 그림 송진욱

봄볕

다 같이 가 볼까? 세계의 축제 속으로!

　요즘 우리 친구들은 열성 엄마의 손을 잡고 주말마다 체험 축제 찾아다니느라 바쁘겠지? 체험 학습을 했다는 증거로 도장도 받아야 할 테고. 우리 옆집 꼬맹이도 옥수수 따기 체험 축제에 갔다가 노랗게 익은 옥수수수염으로 먼지떨이를 만들어 왔더라고.

　그런 의미에서 오늘은 축제 이야기를 실컷 할 거야. 우리 주변에서 펼쳐지는 마을 축제들은 많이 봤으니까 어느 정도는 알고 있겠지? 그래서 이번에는 우리 꼬마 친구들이 깜짝 놀랄 만한 기상천외한 세계의 축제들을 소개하려고 해. 죽은 귀신을 위한 축제라든지, 베개를 거리로 가지고 나와 싸우는 베개 축제, 발 씻은 물을 마시는 축제 등등. 어때? 벌써부터 기대되지 않니? 우리나라 사람들은 워낙 점잖아서 전통 축제나 특산물 축제 등을 주로 열지만, 해외를 두루 돌아다니다 보면 기상천외하고 엉뚱한 괴짜들이나 좋아할 만한 축제들이 참 많아. 물론 점잖은 축제도 많지만, '도대체 저런 축제는 왜 만들었을까?', '저런 말도 안 되는 축제는 누가 만든 거지?' 하고 궁금해 할 만한 축제들도 있지.

　지금부터 이렇게 특이하고 흥미로운 세계의 축제 이야기를 하나하나씩 들려줄 참이야. 물론 공포 영화처럼 특이하고 생소한 축제만 소개하지는 않을 거야. 이름만 대면 알 만한 대표 축제들도 있지. 최소한 세계적으로 열 손가락에 꼽을 만한 축제에는 어떤 것들이 있는지 우리 친구들도 상식으로 알아야 하니까 말이야.

　최근 우리나라를 찾는 외국인 관광객이 1,000만 명을 웃돈다는 자료를 본 적이 있어. 반대로 우리나라 사람들도 공부나 일 또는 여행을 위해 해외로 많이 나가고 있지. 거기다 다문화 가족의 수도 급속도로 늘고 있어. 한마디로 전 세계가 이웃처럼 서로 가까워진 거야. 이럴 때 서로의 문화를 이해하려는 노력이 중요해. 서로의 문

　화에 대해 마음을 열고 이해할 수 있어야만 갈등을 씻고 어울려 지낼 수 있으니까. 우리 마음은 꼭꼭 닫아건 채 우리 문화를 세계에 소개하고 받아들여 달라고 하면 어떻게 될까? 아마도 오해만 더 쌓이고, 벽만 더 높아질 거야. 다른 나라 사람들과 친구가 되어 서로 사이좋게 지내려면, 마음을 열고 그들의 풍습이나 문화에 다가가야 해.

　다른 나라의 문화를 가장 빨리, 한눈에 경험하고 배울 수 있는 게 바로 축제야. 축제는 사람들이 한데 모여 즐기는 공동 의식이기 때문에 그 나라 사람들의 생활양식, 먹는 것, 입는 것, 놀이, 예술, 언어 등을 한눈에 접할 수 있는 절호의 기회야. 한 나라의 문화를 제대로 알려면 그 속에 들어가 오랫동안 함께 지내면 돼. 하지만 그러한 여건이 되지 못할 경우, 짧은 시간 안에 한 나라의 문화나 생활상을 엿볼 수 있는 가장 좋은 방법은 축제라고 할 수 있어.

　예술 축제가 유달리 많은 나라도 있고, 스포츠 축제가 많은 나라도 있고, 특산물 축제가 많은 나라도 있어. 수백 년 동안 축제가 이어져 내려온 곳도 있고, 최근 갑작스레 축제가 많아진 곳도 있고, 아름다운 자연환경을 이용해 축제를 여는 곳도 있어. 저마다 다양하고 흥미로운 축제들이지만, 자세히 들여다보면 각 나라의 문화와 역사, 국민성 등을 파악할 수 있어. 축제 이야기와 더불어 간간이 각 나라의 문화와 역사도 이야기해 줄 참이야.

　자, 그럼 지금부터 기상천외한 세계의 축제 속으로 다 함께 떠나 볼까?

2013년 8월
세계축제연구소 유경숙 소장

chapter 1 축제의 역사와 특징

축제는 어떻게 만들어졌을까? 10

축제의 유형도 가지각색이야 14

국가마다, 대륙마다 어떤 특징이 있을까? 19

장소를 옮겨 다니는 축제? 24

chapter 2 열 손가락 안에 꼽는 세계의 축제

축제 초보라고? 그럼 니스 축제부터 가자!
　프랑스 니스 축제 30

흑인들의 슬픈 사연이 담겼다고?
　영국 노팅힐 축제 38

잘못된 일은 불로 활활 태워요!
　스페인 발렌시아 불꽃 축제 45

축제에 참가하려면 학교에 정식으로 입학해야 한다고?
　브라질 삼바 축제 52

소년들의 선행이 세계 3대 축제로?
　일본 삿포로 눈꽃 축제 60

시신을 찾기 위해 바다에 만두를 던진다고?
　홍콩 용선 축제 67

남아메리카 대륙 최대의 예술 축제라고?
　멕시코 세르반티노 축제 74

사나이라면 말 타고 활 정도는 쏴야지!
　몽골 나담 축제 80

모차르트의 고향에서 음악의 향연을 즐기자!
오스트리아 잘츠부르크 축제 87
멋진 가면을 쓰고 물의 도시를 체험하자!
이탈리아 베네치아 축제 92

chapter 3 기상천외한 세계의 축제

무시무시한 귀신 축제 100
멕시코 죽은 자의 날 축제
세계 좀비 축제
싱가포르 걸신 축제

눈이 휘둥그레지는 이색 달리기 축제 117
포르투갈 이색 자동차 경주
핀란드 아내 업고 달리기 축제
캐나다 스탬피드 카우보이 축제
러시아 하이힐 신고 달리기 축제

형형색색 신비로운 컬러 축제 138
인도 홀리 축제
오스트리아 보디 페인팅 축제
네팔 띠즈 축제

축제의 역사와 특징

축제는 어떻게 만들어졌을까?

"지구상에는 축제가 얼마나 많을까?"

신문이나 텔레비전을 통해 세계 각국에서 펼쳐지는 화려한 축제를 본 적이 있나요? 우리나라에서는

딸랑 딸랑

쉽게 볼 수 없는 신기한
동물 축제부터 도무지 이해할 수 없는
위험천만하고 기상천외한 축제까지, 갖가지 놀라운
축제들이 세계 곳곳에서 1년 내내 열린다는 사실을 알고 있나요?

축제는 그 나라의 문화와 풍습, 사람들이 사는 모습을 그대로 담고 있어요. 그래서 외국 여행을 가면 가장 먼저 그 나라에서 열리는 축제를 조사하게 되었어요. 짧은 시간 동안 그 지역을 한눈에 볼 수도 있고, 좋은 추억을 남길 수도 있기 때문이에요.

형이나 누나들이 외국 여행을 다녀와서 자랑 삼아 보여 주는 사진 중에서도 축제 장면을 찍은 사진들이 먼저 눈에 들어오지 않나요? 독특한 풍습이 담긴 축제 장면과 사람들의 흥겨운 모습이 눈에 들어오는 것은 어쩌면 당연한 일인지도 몰라요.

그렇다면 축제는 맨 처음에 어떤 모습이었을까요? 보통 '축제'라고 하면 흥겹게 즐기는 사람들이 먼저 떠오르지만 원래는 하늘에 제사를 지내는 집단의식에서 출발했어요.

　오랜 옛날에는 하늘, 강, 산 등의 자연물이나 사람들을 위협하는 호랑이, 곰 등 무서운 동물을 신처럼 섬겼다고 해요. 심지어는 커다란 바위나 나무 등을 신으로 섬기기도 했답니다. 사람들은 자신들이 믿는 신들에게 다양한 형태로 제사를 지냈어요. 또 홍수나 가뭄 같은 자연재해가 일어나거나 흉년이 들거나 전염병이 돌아 많은 사람들이 죽으면 신이 화가 나서 그런 큰일이 일어났다고 생각했어요. 그래서 신의 노여움을 풀기 위해 제사를 지내기 시작했지요.

　제사를 지낼 때는 신을 기쁘게 하기 위해 춤, 노래, 놀이 등의 의식을 함께 했는데, 이러한 풍습이 전해 내려오면서 오늘날의 축제가 되었답니다. 신에게 바치기 위한 의식으로 행했던 노래와 춤이 오늘날에는 자신들의 즐거움을 위한 축제가 된 거예요.

　오래전 부족 국가 시절에도 신에게 제사를 지내고, 여러 날 동안 춤과 노래를 의식으로 행했다는 기록이 있어요. 이처럼 제사를 지내기 위해 부족 사람들이 다 모여서 더불어 즐기던 것이 오늘날까지 이어져 내려와 축제로 자리 잡은 것이랍니다.

　오늘날의 축제가 특히 흥겹고 신이 나는 것은 집단 놀이 때문이에요. 한두 명이 아니라 온 마을, 온 도시 사람이 다 함께 모여서 놀이를 하기 때문에 규모도 커지고, 단합도 되고, 자기도 모르게 들썩들썩 흥이 나는 것이지요.

우리의 명절 풍습도 처음에는 제사에서 출발했지만 이런 다양한 집단 놀이를 즐기면서 자연스럽게 축제의 형태를 띠게 되었지요. 고싸움이나 강강술래, 지신밟기, 놋다리밟기 등 예부터 전해 내려오는 집단 놀이들은 마을의 풍년과 가정의 행복을 빌고, 병이나 귀신을 물리치고, 침입자들을 막기 위한 의식에서 발전된 놀이들이에요.

숨바꼭질이나 술래잡기 놀이처럼 빠뜨리는 친구 없이 다 같이 놀 수 있는 놀이가 예부터 지금까지 전해져 내려오며 인기가 있는 것도 같은 이유예요. 함께 힘을 합치고, 더불어 행복하기 위한 공동체 의식의 일종이지요.

오늘날의 축제가 오랜 옛날 제사 의식에서 시작되었다니 참 신기하지요? 물론 요즘은 본래의 의미가 점차 사라지고 단순히 즐기는 놀이에만 치우쳐 있기도 해요. 하지만 함께 모여서 준비하고, 나 혼자가 아니라 다 같이 즐긴다는 점에서는 본래의 축제가 가진 의미를 이어 받았다고 할 수 있어요.

축제의 유형도 가지각색이야

　온몸에 낚싯바늘을 꽂고 거리를 행진하는 사람들, 뱀을 온몸에 친친 감은 사람들……. 세계에는 정말 별의별 축제들이 다 있어요.
　유럽 슬로베니아에는 우리나라의 보령 머드 축제처럼 온몸에 진흙을 바르고 진흙탕을 뒹구는 축제도 있고, 아프리카 나이지리아에는 온 동네 사람들이 연못에 뛰어 들어가 물고기를 잡는 세계 최대의 낚시 축제도 있답니다.
　세상에는 얼마나 다양한 축제가 있을까요? 우리나라만 해도 매년 전국에서 열리는 축제가 2,000개가 넘는다고 해요. 지구상에는 237개의 나라가 있어요. 이 많은 나라에서 1년 동안 펼치는 축제를 모두 합치면 그 수가 어마어마하겠죠? 새로 생겼다가 금세 사라지는 축제도 수두룩하니 정확한 통계를 내기도 어려울 거예요. 하지만 우리가 책을 펴고 세계의 축제를 탐험하는 지금 이 순간에도 세계 어디에선가 다채로운 축제가 펼쳐지고 있다는 것만은 분명한 사실이랍니다.

셀 수도 없이 다양한 세계의 축제들을 모아 공통점을 찾아 구분하면 대략 몇 가지로 나눌 수 있어요.

첫째, 아름다운 감성이 넘치는 예술 축제예요. 우리가 공연장이나 전시장에서 보는 다양한 예술 공연들이 축제라는 큰 그릇에 담겨 잔치로 열리는 것이지요. 오페라, 연극, 클래식 음악, 전시회, 미술, 거리 공연, 행위 예술, 마술 등의 예술 축제는 지구상에서 가장 널리 사랑받는 축제의 유형이에요. 특히 예술 축제에는 어린이를 위한 축제도 다양하답니다.

둘째, 각국의 전통 풍습을 활용한 민속 축제예요. 예부터 전해 오는 풍습과 전통을 후세에게 전하기도 하고 널리 알려서 보전하기 위한 목적으로 만들어진 축제이지요. 물론 후세뿐 아니라 현재 살고 있는 사람들도 자신들의 전통문화가 얼마나 훌륭한지 경험할 수 있는 의미 있는 축제이기도 해요.

우리나라 안동의 국제 탈춤 축제도 유명한 민속 축제예요. 탈춤이 처음 시작된 지는 훨씬 오래되었지만 축제를 열자 많은 사람들이 관심을 갖고 안동을 찾게 되었지요. 우리나라 사람뿐만이 아니에요. 축제

가 열리면 수많은 외국인이
찾아온답니다.
이렇게 한 지역의 문화유산이 오래도록 후세에
전해지면서 중요한 민속 축제로 자리를 잡는
것이랍니다.

셋째, 또 다른 축제의 유형으로는 놀이 축제가 있어요.
우리 어린이들도 좋아할 만한 스포츠나 게임, 오락들을 흥겨운 축제로
만든 것이지요. 축제는 많은 사람들이 동시에 즐길 수 있어야 하니까
다 함께 참여할 수 있는 게임이나 놀이가 많이 포함되어 있어요. 특히
인기 있는 놀이를 주제로 하는 축제를 열면 관람객과 참가자들이 늘어

나면서 순식간에 유명해지기도 해요.

"대~한민국! 대~한민국!"

월드컵이 열렸을 때 빨간 티셔츠를 입고 다 같이 국가 대표 선수들을 응원한 기억이 나지요? 올림픽이 열릴 때도 목청껏 우리나라 선수들을 응원했을 거예요. 월드컵이나 올림픽도 전 세계 사람이 열광하는 축제의 한 종류예요. 스포츠 경기에서 정정당당하게 승부를 겨루면서 세계 각국의 사람들과 화합하는 놀이 축제이지요.

선수들은 경기에 직접 참가하면서 축제를 즐기고, 경기장을 찾은

관람객이나 텔레비전 화면을 통해 경기를 보는 사람들은 나라를 대표하는 선수들을 응원하면서 즐거움을 느껴요. 옆 사람들과 손뼉도 치고 목청껏 소리도 지르면서 스트레스를 풀고 응원도 하는 축제인 것이지요. 특히 활발하게 뛰노는 것을 좋아하는 친구들이라면 주로 이런 놀이 축제를 좋아하겠지요?

또 다른 축제의 유형으로는 요즘 우리나라에서도 큰 인기를 끌고 있는 친환경 축제가 있어요. 아름다운 자연환경을 축제의 소재로 삼은 것이지요. 예를 들면 제주 올레길이나 전국의 자전거 길, 섬, 물, 가을 단풍, 해바라기, 메밀꽃 등을 소재로 펼치는 축제들이 여기에 속해요. 특히 자연을 자주 접하지 못하는 도시 사람들이 스트레스도 풀고 휴식도 취할 겸 산으로 들로 자연을 찾아 떠나는 축제들이 최근 크게 늘고 있어요. 체험 학습으로 친환경 축제에 간 경우도 많을 거예요. 앞으로도 이런 친환경 축제는 계속 늘어날 거예요.

이 밖에 지역 특산물을 소재로 하는 축제도 많아요. 특산물을 홍보하려고 시작한 축제들인데, 많은 사람이 관심을 가지고 참여하면서 지역을 자랑하는 큰 축제로 자리 잡아 가고 있지요.

국가마다, 대륙마다 어떤 특징이 있을까?

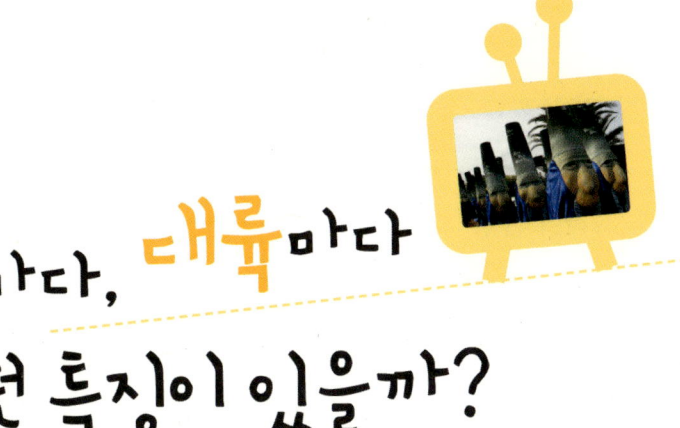

축제는 열리는 나라의 위치나 날씨, 계절 같은 환경의 영향도 많이 받고, 역사, 종교, 민족 등 문화적인 영향도 받아서 저마다 다른 특징이 있어요.

세계 지도를 한번 펼쳐 보세요. 아시아, 유럽, 아프리카, 아메리카, 오세아니아, 남극 같은 큰 땅덩어리가 보이고, 이를 둘러싼 넓은 바다가 보일 거예요. 각 대륙은 생긴 모양이나 위치에 따라 각각 다른 특징을 가지고 있어요.

이제 지도에서 우리나라를 찾아보세요. 삼면이 바다로 둘러싸인 한반도가 보이나요? 자, 우리나라를 중심으로 주변에 어떤 나라들이 있는지 볼까요? 우리나라 동쪽에는 바다 건너 일본이 있고, 서북쪽에는 중국이 있어요. 중국의 위쪽으로는 몽골과 러시아가 있고요. 그런데 자세히 보면 나라 이름보다 더 작은 글씨로 도시 이름들이 씌어 있어요. 서울, 부산, 도쿄, 오사카, 베이징, 상하이, 모스크바, 블라디보스토크…… . 태평양 건너 아메리카 대륙과 유럽 대륙, 아프리카 대륙까지 죽 훑어보세요. 세계에는 정말 많은 나라, 많은 도시가 있다는 걸 알 수 있을 거예요.

이 중에서도 유럽은 축제가 가장 발달된 곳이에요. 크고 작은 여러 나라가 모여 있기 때문에 유럽의 축제는 나라에 따라, 지역에 따라 독특한 특징을 지니고 있답니다.

예를 들면 동유럽에는 봄 축제를 여는 나라들이 굉장히 많아요. 헝가리, 체코, 크로아티아, 폴란드, 우크라이나, 슬로베니아 등 유럽 동쪽에 있는 나라에 봄 축제가 발달한 것은 암울했던 동유럽의 역사와 연관이 있답니다.

1900년대 초, 지구상에는 유럽을 중심으로 큰 전쟁이 두 번이나 있었어요. 당시 동유럽에 속한 이 나라들은 힘이 약한 편이었어요. 그러다 보니 힘이 센 주변 나라에게 번갈아 가며 침략을 당했고, 오랫동안 힘겨운 시간을 보내야 했어요. 이러한 역사를 지나온 동유럽 국가들은 전쟁의 아픔을 딛고 일어나 맞이한 봄을 무척이나 사랑하게 되었어요. 봄은 새로운 시작과 희망을 의미하기 때문이지요. 그래서 추운 겨

울이 지나 따뜻한 봄이 오면 동유럽에 있는 나라 곳곳에서 크고 작은 축제들이 끊임없이 펼쳐진답니다.

지중해에 닿아 있는 남유럽은 어떨까요? 남유럽은 따뜻하고 풍요로운 지역이에요. 머리 위에서 비추는 뜨거운 태양과 지중해에서 불어오는 따뜻한 바람이 대지를 기분 좋게 어루만져 주지요. 그래서 남유럽의 축제에는 풍요로운 나날을 즐기는 전통 축제가 많아요. 남유럽에 속하는 나라에는 그리스, 이탈리아, 스페인 등이 있어요. 각 나라마다, 각 지역마다 멋진 축제가 다채롭게 펼쳐지고 있지요.

서유럽에 있는 나라들은 어떨까요? 서유럽에는 광장 축제가 많아요. 서유럽에 속하는 프랑스, 벨기에, 네덜란드, 덴마크, 스위스 등은 비교적 잘사는 나라들이에요. 이들 나라는 고유의 문화와 전통을 지키고 전승하는 것을 매우 중요하게 여겼어요. 그래서 넓은 광장에 모여 다 함께 문화와 전통을 기리는 축제를 열었지요. 또한 서유럽에서는 예술이 크게 발달하여 예술과 관련된 축제도 많이 열리고 있어요.

날씨가 몹시 덥고 가난해도 축제는 있어요. 아프리카 대륙과 같은 곳이지요. 아프리카 대륙의 축제들은 어떤 형태일지 상상이 되나요? 아프리카에는 의외로 어린이를 위한 축제들이 많이 발달되어 있어요. 축제에 많은 돈을 쓸 수 없는 가난한 나라들이 많기 때문에, 기왕이면 비용을 아껴서 어른들을 위한 축제보다 어린이들을 위한 축제를 만드는 거예요.

크고 화려한 다른 나라들의 축제들에 비해 아프리카의 축제가 소박해 보이고, 어쩌면 초라하게 보일 수도 있어요. 하지만 아프리카 축제는 어린이를 생각하는 마음이 담긴 따뜻하고 아름다운 축제라는 데 깊은 의미가 있지요.

단순히 각 나라 사람들이 즐기고 좋아하는 것으로만 축제를 여는 줄 알았는데, 역사나 기후, 환경에 따라서도 큰 차이가 있다는 게 신기하죠?

나라마다, 대륙마다 두루 다니면서 축제를 구경해 보고 싶지 않나요? 우리 친구들이 나중에 세계의 다양한 축제를 찾아다니며 구경하게 된다면 축제를 신나게 즐기면서도 동시에 각 나라의 문화와 풍습을 자연스럽게 이해할 수 있을 거예요.

장소를 옮겨 다니는 축제?

　이리 폴짝, 저리 폴짝, 메뚜기처럼 이리저리 장소를 옮겨 다니는 축제가 있어요. 축제라고 해서 늘 같은 도시, 같은 장소에서만 열리는 것은 아니에요.

　일반적으로 축제는 정해진 한 공간에서 펼쳐지지만 요즘은 워낙 다채로운 축제가 많이 생기다 보니 매년 축제의 장소가 달라지는 이색 축제들도 눈에 띄게 늘어났어요.

　예를 들면 게릴라처럼 어떤 도시에 급작스럽게 나타나 막무가내로 행진하는 '좀비 축제' 같은 것이 있어요. 좀비 축제는 무서운 공포 영화에 나오는 귀신이나 좀비, 유령, 몬스터, 외계인, 악마 등의 분장을 한

사람들이 거리에서 단체로 행진하는 축제인데, 매년 때와 장소를 바꿔 가며 열린답니다.

매년 같은 공간에서 열리는 축제에 비해 왁자지껄하게 옮겨 다니며 사람들 혼을 쏙 빼놓기 때문에 색다른 재미가 있지요.

하얀 오리털이 잔뜩 들어 있는 베개를 들고 거리에서 깃털을 흩날리며 싸우는 '베개 싸움 축제'도 장소를 옮겨 다니며 열리는 대표적인 축제예요.

이 축제도 어떤 한 국가나 도시에 한정된 것이 아니라 매년 각 나라별로 장소와 시간을 정해 놓고 갑자기 거리로 쏟아져 나와 한바탕 베개 싸움을 치르는 독특한 축제예요.

잠옷을 입고 거리를 행진하는 모습도 흥미롭지만 치열하게 베개 싸움을 하는 동안 터진 베개에서 폭발하듯 분출하는 하얀 오리털들이 장관이랍니다. 마치 겨울날 하늘에서 함박눈이 펑펑 내리는 것처럼 보이지요. 거리에 흩날리는 오리털을 어떻게 청소하느냐고요? 아마도 열이면 열, 백이면 백, 누구 한 사람 그런 걱정 같은 건 하지 않을걸요. 미리 걱정부터 하면 신나게 베개 싸움을 못할 테니까요.

예술 축제 중에도 장소를 옮겨 다니는 축제가 있어요. 러시아에서는 매년 봄에 황금 마스크 축제가 열려요. 이 축제는 문학과 극예술이 발달한 러시아 최대의 연극 축제예요.

황금 마스크 축제는 러시아와 이웃 나라인 에스토니아와 리투아니아, 라트비아 등과 연합해서 인기 있는 몇몇 공연을 이동하면서 선보인 답니다.

예를 들면 서울에서 선보인 공연 가운데 인기가 높은 몇몇 공연을 골라서 대전, 광주, 부산을 이동하면서 다시 공연하는 것이지요. 그러면 서울에 살지 않는 사람들도 공연을 골고루 즐길 수 있으니까요. 정말 좋은 생각이죠?

이렇게 황금 마스크 축제는 이웃 나라를 옮겨 다니며 열리기 때문에 먼 곳에서 열리는 축제에 갈 만한 사정이 안 되는 사람들까지 골고루 축제를 즐길 수 있어요. 그래서 러시아의 연극 문화가 그만큼 끊이지 않고 발달하고 있는지도 몰라요. 진심으로 연극을 사랑하는 사람들의 열정과 애정이 엿보이지 않나요?

우리 친구들도 어떤 축제들이 이곳저곳 옮겨 다니면 좋을지 한번 생각해 봐요. 메뚜기처럼 옮겨 다니며 사람들을 깜짝 놀래켜 줄 축제에는 또 무엇이 있을까요?

열 손가락 안에 꼽는 세계의 축제

축제 초보라고? 그럼 니스 축제부터 가자!

프랑스 니스 축제

　　유럽은 다른 지역에 비해 여름휴가가 긴 편이에요. 유럽 사람들은 여름철이 다가오면 짧게는 일주일부터 길게는 한두 달 동안 여름휴가를 즐겨요. 휴가가 긴 만큼 멀리 여행을 떠나는 사람들이 많지요. 그중에서도 지중해의 따사로운 햇살이 비추는 프랑스 니스 해변에서 휴가를 보내는 것을 최고로 생각한다고 해요. 그래서 이즈음에 니스에 가면 숙소 구하기가 하늘의 별 따기랍니다.

　　여름휴가 기간 말고 니스가 북적거리는 때가 또 있어요. 매년 2월 중순부터 2주 동안 펼쳐지는 니스 축제 때랍니다. 이때는 니스 중앙역부터 축제가 본격적으로 열리는 중심 거리, 하다못해 아직 추위가 가시지 않은 해변까지 구석구석 발 디딜 틈이 없을 정도예요. 아무리 복잡하고 불편해도 멋진 축제를 보고 싶어 하는 사람들의 열망을 잠재울 수는 없기 때문이지요.

니스 축제의 행사 중에서도 특히 눈에 띄는 것은 건물 7층 높이의 거대한 인형 퍼레이드예요. 눈이 휘둥그레질 정도로 어마어마한 규모도 놀라운데, 화려한 행렬이 뒤따르고 사방에서 불꽃까지 연이어 터져서 도무지 눈을 뗄 수가 없지요. 거기에 관람객들의 우렁찬 함성도 한몫을 해요.

니스 축제가 처음 열린 게 1830년이니까, 나이로 치면 거의 200살

건물 7층 높이의 거대한 인형 퍼레이드

이 된 축제예요. 여러분의 할아버지의 할아버지보다 나이를 많이 먹은 축제라니 참 대단하지요?

워낙 오랫동안 이어져 내려온 축제이다 보니 지금은 이 축제의 상징이라 할 수 있는 퍼레이드 인형을 만드는 사람들이 아예 전문 직업인으로 인정받고 있어요. 축제가 열리기 몇 달 전부터 몇몇 사람만 모여 준비하는 축제들과는 많이 다르지요. 특히 축제에 참가하는 시민들의 자세는 훨씬 진지해요.

현재 프랑스에서 퍼레이드 인형 제작자들은 장인 수준의 대접을 받으며, 매년 봄 축제에서 딱 한 번 선보이는 퍼레이드를 위해 특별한 인형을 제작하고 있어요.

어떤 인형이 만들어지는지는 일급비밀이어서 인형을 만드는 곳에는 아무나 드나들 수 없다고 해요. 숨바꼭질하듯 1년 내내 꼭꼭 숨어서 인형을 만들어 두었다가 니스 축제가 열리면 멋지게 등장한답니다. 그렇게 200여 년을 이어 온 기술과 정성이 니스를 세계적인 축제의 도시로 만든 일등공신이지요.

200년이라는 긴 시간이 흐르면서 니스 축제의 형태는 조금씩 달라졌어요. 초기에는 야외극 형태였는데 18세기부터는 가면무도회로 알려진 베네치아 축제의 영향을 받아 오늘날의 퍼레이드 형태를 갖추게 된 것이랍니다. 프랑스의 니스와 이탈리아의 베네치아는 같은 지중해 연안 도시이고, 거리도 가깝기 때문에 과거에도 문화 교류가 매우 활발했

어요.

　니스 축제에 대한 더 놀라운 이야기가 있어요. 지금 프랑스 사람들은 니스 축제가 공식적으로 1830년에 시작되었다고 말하고 있지만 사실은 이보다 훨씬 이전부터 시작된, 그야말로 세계에서 가장 오래된 축제일지도 모른대요. 한 역사학자가 프랑스 역대 왕족의 기록을 살펴보다 1294년 샤를 2세의 기록에서 지금의 니스 축제와 비슷한 전통 행사에 대한 상세한 설명을 발견했거든요. 만약 이게 사실이라면 800여 년 전 사람들이 즐기던 공동체 놀이를 현재에 와서 똑같이 즐기고 있는 것이지요.

　참, 축제는 무조건 공짜로 즐기는 것이라고 생각하는 친구들이 있

만화 캐릭터들이 총출동하는 인형 퍼레이드

어요. 한국에는 그런 축제들이 많이 있으니 꼭 틀렸다고 할 수는 없지만, 해외에는 입장료를 받고 들어가는 축제가 굉장히 많아요. 니스 축제도 마찬가지예요. 행사 규모가 엄청나게 크기도 하고, 관람객이 넘쳐 나다 보니 축제의 질서 유지를 위해 적은 액수의 입장료를 받아요. 특히 니스 축제는 이미 전 세계의 관광객을 니스로 끌어들이는 주요 관광 상

그리스 로마 신화를 주제로 한 퍼레이드

마세나 광장을 행진하는 고대 정령들

품이라서 돈을 내고라도 보겠다는 사람이 줄을 설 정도예요.

　이제 본격적으로 인형 퍼레이드에 대해 이야기해 볼까요? 니스 축제의 인형 퍼레이드는 엄청난 규모와 화려함으로만 주목을 받는 것은 아니에요. 축제의 주제가 매년 바뀌기 때문에 사람들은 '올해는 어떤 새로운 인형 퍼레이드를 볼 수 있을까?' 하고 기대를 해요. '가장무도회', '푸른 행성의 왕', '만화 캐릭터', '세계적으로 알려진 유명 인물' 등

다양한 주제를 정해 인형들을 만들기 때문에 매년 새롭고 흥미로운 퍼레이드가 펼쳐진답니다.

니스 축제는 2주 동안 총 20~30가지의 다양한 퍼레이드가 펼쳐지지만, 아쉽게도 인형 퍼레이드를 볼 수 있는 건 고작 3~4회 정도예요. 그러니까 인형 퍼레이드를 보려면 축제 일정을 꼼꼼히 살펴봐야 한다는 걸 꼭 명심하세요.

하지만 인형 퍼레이드를 놓쳤다고 해서 실망하지는 마세요. 니스 축제에서는 이외에도 다양한 퍼레이드가 열리니까요. 여러 가지 퍼레이드 중에서 손에 꼽는 굉장한 퍼레이드가 한 가지 더 있어요. 바로 꽃마차 경연 퍼레이드예요.

꽃마차 경연 퍼레이드는 1876년 니스를 찾은 관광객들을 즐겁게 해 주기 위해 생겼다고 해요. 엄청나게 많은 꽃들로 장식한 꽃마차 퍼레이드인데, 마차에 탄 아름다운 미녀들이 퍼레이드 참가자들에게 꽃다발과 꽃송이를 던져 줘요. 상상해 보세요. 화려한 조명이 비추는 가운데 꼬리에 꼬리를 물며 행진하는 꽃마차 행렬에서 예쁜 꽃

꽃마차 경연 퍼레이드

이 이리저리 날아다니는 모습을 말이에요. 아마 그 속에 있다면 꽃비를 맞는 느낌이 들 거예요.

인형 퍼레이드에 쓰이는 멋진 인형들을 니스의 축제 장인들이 정성 들여 만들듯이, 꽃마차 경연에 쓰이는 꽃마차와 꽃수레도 마찬가지로 축제 장인들과 니스 시민들이 힘을 합해 만들어요.

운이 따라 준다면 인형 퍼레이드와 꽃마차 경연 퍼레이드를 다 볼 수 있겠지요? 요즘은 퍼레이드 입장권을 인터넷으로도 예약할 수 있고, 전자 티켓으로 발행해 주기도 해요. 그러니까 니스 축제에 가 볼 기회가 생기면 미리 인터넷으로 예약하는 것도 좋은 방법이겠죠?

축제 속의 축제! 퍼레이드 예약은 필수!

" 축제의 꽃인 퍼레이드를 제대로 감상하려면 예약은 필수겠죠? 니스 축제를 즐길 수 있는 입장권은 여러 가지예요. 1일권(24시간), 2일권(48시간), 3일권(72시간) 등 다양해요. 보통은 머무는 기간에 따라 골라서 구입하면 된답니다. 만약 예약을 하지 못하면 중앙 광장으로 가면 돼요. 중앙 광장에서 퍼레이드 시작 2시간 전부터 임시 매표소가 열리기 때문에 저렴한 단일 입장권을 구입할 수 있어요. 가격은 5~54유로까지 다양한데, 어린이 입장권은 5~10유로 정도 한답니다. "

● 퍼레이드 | 축제에 참가한 많은 사람들이 거리를 다 같이 화려하게 행진하는 것.

흑인들의 슬픈 사연이 담겼다고?

영국 노팅힐 축제

　　영국에서 열리는 노팅힐 축제는 많은 시민이 참여할 수 있도록 매년 여름휴가철인 8월 마지막 주에 열려요. 영국에서 8월 마지막 주 월요일은 '뱅크 홀리데이'라는 법정 공휴일인데, 노팅힐 축제는 바로 이 마지막 주 월요일까지 열리는 거예요. 축제 기간이 2~4일 정도로 길지는 않지만 주말과 공휴일에 열리는 만큼 많은 사람들이 참여할 수 있어요. 끝이 보이지 않는 퍼레이드와 한껏 들뜬 사람들을 보면 누구라도 흥이 날 정도예요.

　　노팅힐 축제의 기원을 알면 그 매력에 더욱 빠질 수밖에 없어요. 제2차 세계 대전이 끝나고 난 뒤, 영국은 일손이 많이 모자랐다고 해요. 그래서 영국 식민지였던 지역에서 영국 국적을 가진 유색 노동자들을 데려오기 시작했어요.

이때 인도, 파키스탄, 홍콩 등의 지역에서 많은 사람들이 일을 하기 위해 영국으로 건너왔는데, 특히 자메이카 등 카리브 해에 살던 흑인들이 많이 이주해 왔어요. 돈을 벌기 위해 자기 나라를 떠나온 가난한 흑인들은 런던 변두리 노팅힐에 하나 둘씩 모여들어 살게 되었어요. 한국인들끼리 모여 사는 코리아타운이나 중국인들이 모여 사는 차이나타운처럼 말이에요.

노팅힐에 정착한 흑인 노동자들은 영국 사람들의 냉대와 차별을 이겨 내며 힘든 시간을 보냈어요. 힘들고 외롭게 외국 생활을 하다 보니 고향에 대한 그리움도 매우 컸지요.

그래서 1964년부터 다 함께 모여 고향을 그리고 작은 잔치를 벌이던 것이 오늘날 세계 최고의 축제인 노팅힐 축제로 명성을 떨치게 되었답니다. 오늘날에는 흑인 이주자뿐 아니라 다양한 지역에서 온 이주자들이 모두 참여하는 축제가 되었지요.

축제라고 해서 무조건 웃고 즐기는 것만 있는 게 아니

화려한 의상과 분장을 한 흑인 여성

라 이렇듯 고단한 삶을 위로하고 그리움을 함께 나누는 축제도 있는 거예요.

　축제를 즐기는 좋은 방법을 한 가지 알려 줄게요. 세계 곳곳에서 열리는 다양한 축제에 참여할 때 겉으로 드러나는 모습만 보지 말고 '어째서 저런 축제가 생겨나게 되었을까?' 하고 한 번쯤 더 생각해 보세요. 어떤 축제든 저마다 흥미로운 사연이 담겨 있으니까요.

　이제 노팅힐 축제가 어떻게 진행되는지 볼까요? 노팅힐 축제에 가면 가장 눈에 띄는 게 퍼레이드예요. 퍼레이드가 워낙 긴 데다 모인 사람들도 너무 많아서 어디가 어딘지 정신이 없어요. 이때는 당황하지 말고 사람들이 이동하는 방향으로 자연스럽게 따라가면 돼요. 사람들 무리를 한참 따라가다 보면 경찰이나 축제 도우미들이 기다리고 있는 큰 광장이 나와요. 그곳이 노팅힐 축제의 중심이 되는 곳이에요.

노팅힐 축제는 공식적으로 노팅힐의 그레이트 웨스턴 로드에서 시작해서 쳅스터 로드와 웨스트본 그로브를 거쳐 래드브로크 그로브까지 퍼레이드가 이어져요. 이곳에는 언제나 사람들이 붐비기 때문에 축제가 시작되는 날에 일찍 가서 자리를 잡아야 할 정도랍니다.

퍼레이드가 끝나면 노팅힐 곳곳에서 밤늦도록 파티가 열려요. 물론 어린이들은 일찍 잠자리에 들어야 할 테니 부모님이 허락하지 않으면 파티에 참가할 수가 없겠죠?

축제 하면 지역 전통 음식도 빼놓을 수 없어요. 노팅힐 축제는 영국 런던에서 열리지만, 노팅힐 축제에서 인기 있는 음식은 당연히 카리브 인들의 음식이에요. 특히 유명한 음식은 저크 치킨인데, 카리브 인들의 향신료로 맛을 낸 저크 소스를 발라 구운 닭 요리예요. 저크 소스에는 매운 맛 향신료가 들어가 있어서 축제가 열리는 곳곳에서 매콤한

거미 분장을 한 흑인 소년

화려한 공작처럼 머리를 장식한 청소년 참가자들

치킨 냄새가 진동해요. 닭 굽는 냄새와 함께 거리마다 레게 음악도 흥겹게 연주되어요. 그래서 치킨을 사 먹는 사람도, 치킨을 굽는 사람도 음악에 빠져서 춤을 추느라 맛있는 저크 치킨이 조금 타도 아무도 모른대요.

참, 노팅힐 축제의 색다른 점을 알려 줄게요. 이 축제에는 많은 예술가가 참가하지만 무엇보다 노팅힐 주민들이 화려한 의상과 분장을 하고 퍼레이드에 참가해요.

학교나 여러 문화 단체에서도 매년 한 번뿐인 노팅힐 축제의 퍼레이드를 위해 미리 연습을 하고 의상을 준비해요. 축제를 통해 자연스럽게 주민들이 화합하고, 고장에 대한 애정도 키우는 것이지요. 축제도 즐기고, 화합도 하고, 일석이조이지요? 이것을 조금 어려운 말로 하면 축제의 '사회적 기능'이라고 해요.

축제의 도시가 된 노팅힐에 모이는 사람들의 수도 엄청나요. 퍼레이드에 참가하는 예술가들만 무려 4만여 명에 달하고, 축제를 즐기기 위해 런던으로 모여드는 관광객은 200만 명에 달해요. 참고로 노팅힐은 런던 시내의 서쪽에 위치한 작은 동네예요. 우리나라로 치면 서울의 목동 정도라고 할 수 있지요. 이렇게 많은 사람들이 모여 있다니, 온 동네가 얼마나 북적북적할지 상상해 보세요.

가히 세계 축제라 할 만큼 인종, 성별, 나이, 국적을 떠나 많은 사람이 이 작은 마을에 모여요. 축제 기간 내내 음악 소리도 온 도시를 쾅쾅 울려 대서 유리창들이 덜덜 흔들릴 정도랍니다.

거리 퍼레이드 중인 키다리 요정들

한 가지 주의해야 할 게 있어요. 사람들이 많이 모이는 축제인 만큼 소매치기도 많다고 해요. 그러니 사람이 많은 곳에서는 가방을 반드시 앞으로 메고 다녀야 해요. 아니면 필요한 용품과 약간의 돈만 주머니에 넣고 가는 것도 좋아요.

소매치기 얘기를 하니까 언짢기도 하고, 조금 무섭기도 하죠? 그렇다고 겁먹을 것은 없어요. 축제에는 나쁜 사람들보다는 축제를 즐기는 좋은 사람들이 훨씬 많이 모이니까요.

화장실 급해요? 급하면 2파운드

> 축제에 모이는 사람이 셀 수 없이 많다 보니 공중 화장실도 턱없이 부족하겠죠? 따라서 퍼레이드를 따라 이동하면서도 화장실이 어디에 있는지 눈여겨봐야 해요. 현관에 '화장실 2파운드'라고 써 놓은 가정집도 보일 거예요. 화장실이 급한 관광객들에게 약간의 돈을 받고 화장실을 사용하게 해 주는 경우이지요. 주민들은 쏠쏠하게 돈을 벌고, 관광객들은 급한 불을 끄는 셈이죠. 화장실 한 번 사용하는 데 돈까지 받는다고 치사하다 생각하는 친구도 있을 거예요. 하지만 유럽에는 돈을 내고 사용하는 유료 화장실도 많답니다.

• 뱅크 홀리데이 | 영국을 비롯한 유럽 대부분의 국가에서 시행하고 있는 공휴일.

잘못된 일은 불로 활활 태워요!

스페인 발렌시아 불꽃 축제

　발렌시아 불꽃 축제는 세계에서 가장 화려하고 아름다운 불의 축제예요. 스페인의 수도 마드리드와 바르셀로나의 중간쯤에 있는 발렌시아는 스페인에서 세 번째로 큰 도시인데, 달콤한 오렌지로 유명한 도시이기도 하지요.

　한국이나 아시아의 여행객들은 스페인에 가면 마드리드나 바르셀로나를 가장 먼저 여행하곤 하는데, 유럽 사람들은 발렌시아 여행을 더 좋아한다고 해요. 왜냐하면 매년 3월 15일부터 19일까지 5일간 열리는 불꽃 축제 때문이지요.

　이 축제가 얼마나 오래되었는지는 스페인 사람들도 정확히 알 수

도심에 전시된 인형 조형물들

가 없대요. 그저 중세 시대부터 열렸다고 추측할 뿐이지요. 우리나라의 쥐불놀이 같은 전통 풍습이 정확히 언제 시작되었는지 알기 어려운 것처럼 발렌시아의 불꽃 축제도 스페인의 옛 풍습이 축제로 발전된 것이랍니다.

    이 축제의 가장 큰 특징은 동물이나 만화, 신화, 동화의 주인공, 유명 인물 등을 본뜬 700여 개의 다양한 인형을 정교하게 만들어 도심 곳곳에 전시한다는 거예요. 그리고 그 인형들 중에서 어떤 인형이 가장 아름답고 훌륭한지 시민들이 투표를 하는데, 1등으로 뽑힌 인형만 빼고 나머지는 모두 불에 태워요.

　엄청나게 큰 인형들이 한꺼번에 불에 탄다고 생각해 보세요. 아마 하늘에서 보면 온 도시에 불이 난 것처럼 보일지도 몰라요. 하지만 정말 도시에 불이 나면 어쩌나 하는 걱정은 하지 않아도 된답니다. 불꽃 축제가 열리는 동안 도시 곳곳에서 소방관들이 대기하면서 축제의 안전을 책임지니까요.

　도심 곳곳에 멋지게 장식되거나 전시되어 있던 인형들을 아깝게 불태우다니 이해가 안 되죠? 인형들을 태우는 데 어떤 의미가 있는지도 궁금할 거예요.

　발렌시아에서는 봄을 맞이하면서 지난겨울을 떠올리며 잘못한 일들을 반성하고, 깨끗이 씻어 내는 의미로 인형을 불로 태우는 의식을 치러요. 우리나라에서도 이따금씩 어른들이 '액땜했다'라고 하는 말을 들어 봤

불을 붙이기 직전의 인형들

활활 타오르는 발렌시아의 밤거리

죠? 인형을 태우는 의식은 스페인식의 액땜인 셈이에요.

사실 발렌시아 불꽃 축제는 건물을 짓는 목수 아저씨들의 청소 작업에서 시작됐다고 해요. 청소가 축제가 되었다니 이상하죠?

중세 시대에 발렌시아 지역의 목수들은 매년 봄 '성 요셉의 날(3월 19일)'이 되면 겨울 동안 실내에서 일할 때 나온 나뭇조각이나 톱밥을 일제히 모아서 치웠어요. 말끔히 청소도 하고, 나뭇조각과 톱밥을 한꺼번에 모아 불태우며 지난 한 해 동안 잘못한 것을 반성하고 과거를 씻는 의식을 치른 거예요. 목수들의 이러한 청소 의식이 시간이 흐르면서 멋진 인형들을 만들어 놓고 한꺼번에 불태우는 발렌시아 불꽃 축제가 되었어요.

그런데 요셉이라는 사람은 누구일까요? 목수 아저씨들은 하필이

면 왜 이 사람을 기념하는 '성 요셉의 날'에 봄맞이 대청소를 하게 된 걸까요? 아마 요셉은 역사상 가장 유명한 목수일 거예요. 요셉은 성경에 나오는 인물인데, 바로 성모 마리아의 남편이자 예수의 아버지랍니다. 유럽에 있는 나라들은 대부분 기독교를 믿기 때문에 이렇게 성경 인물 등을 성인으로 선포하고 축일을 정해 기념하곤 해요.

　실제로 축제에 가 보면 낮에 전시된 인형들을 보는 재미도 있지만, 밤 12시 종이 울리자마자 시작되는 불꽃 행사가 훨씬 멋지답니다. 기린 모양, 공주님 모양, 대통령 모양, 유명 연예인 모양, 마귀 모양 등 다양한 인형이 활활 불타오르는데, 건물 높이보다 높게 치솟는 웅장한 불길이 장관이에요.

　특히 발렌시아 불꽃 축제의 매력은 사회 문제를 풍자하기 위한 재치 있는 인형들이 빠지지 않고 등장한다는 사실이에요. 스페인에서 그 해에 일어난 큰 사회 문제나 사건을 풍자하는 내용으로 인형을 만들어서, 다시 한 번 사람들의 시선을 모으고 불꽃 축제를 통해 활활 태운답니다. 다시는 그런 일이 일어나지 않기를 모든 시민들이 염원하는 것이죠. 이렇듯 발렌시아 불꽃 축제는 나쁜 일들을 태워 버림으로써 모든 사람이 행복하게 살기를 바라는 의미 깊은 축제랍니다.

불꽃 축제를 즐길 수 있는 중요한 사실을 하나 알려 줄까요? 축제가 열리는 5일 내내 불꽃 의식을 볼 수 있는 건 아니에요. 후반 3일 동안에만 밤 12시에 이 불꽃 의식을 볼 수 있어요. 이때를 놓치면 절대 안 되겠죠?

하지만 낮 12시에도 또 다른 불꽃 축제가 펼쳐져요. 하늘에 불꽃 폭죽을 쏘아 올리는 진짜 불꽃놀이지요. 그런데 좀 이상하지 않나요? 훤한 대낮에 폭죽을 쏘아 올린다니! 아무리 아름다운 형형색색 불꽃들이라도 낮에는 잘 보이지 않잖아요. 실제로 보면 대낮의 불꽃놀이는 조금 실망스럽기도 해요. 하지만 발렌시아 사람들의 설명을 들어 보면 조금은 이해할 수 있어요.

스페인 사람들은 하늘에서 펼쳐지는 불꽃의 아름다운 모양보다 요란스러운 폭죽 소리를 더 즐긴다고 해요. 밤에 열리는 불꽃 의식 못지않게 많은 사람이 몰려서 미리 자리를 맡아 두지 않으면 대낮의 불꽃놀이도 구경하기 힘들어요.

대낮의 불꽃놀이에서 주의할 점이 있는데, 아무리 폭죽 소리가 커도 절대로 귀를 막으면 안 된다는 거예요. 스페인 사람들이 폭죽 소리를 좋아하는 건 폭죽 소리가 크게 날수록 큰 행운이 생긴다고 생각하기 때문이에요. 그런데 폭죽 소리를 듣지 않으려고 귀를 막는 건 찾아온 행운을 내쫓는 일이겠죠?

 인형은 무엇으로 만들까?

" 대형 인형들을 만들어 불에 태우는 축제인데, 인형들이 잘 타지 않으면 당황스럽겠죠? 불이 잘 붙지 않아도 문제고, 활활 불꽃을 일으키며 멋지게 타지 않아도 문제예요. 종이가 좋겠다고요? 땡! 종이는 아니에요. 플라스틱? 플라스틱은 환경을 오염시키고 그을음도 많이 나기 때문에 아니에요. 그럼 도대체 무엇으로 알록달록한 인형들을 만들까요? 정답은 바로 톱밥이랍니다. 톱밥은 불도 잘 붙고, 활활 멋지게 타오르니까요. "

- 액땜 | 앞으로 닥쳐올 사나운 운수를 다른 가벼운 곤란으로 미리 겪음으로써 무사히 넘기는 것.

축제에 참가하려면 학교에 정식으로 입학해야 한다고?

브라질 삼바 축제

　브라질 삼바 축제는 독일의 옥토버 페스트와 일본의 삿포로 눈꽃 축제와 함께 세계 3대 축제로 손꼽히는 축제예요. 브라질의 리우데자네이루에서 열리기 때문에 리우 축제라고도 하지요.

　하지만 삼바 축제를 보러 무작정 리우로 찾아갔다가는 퍼레이드가 열리는 곳에는 접근도 하지 못할 수 있어요. 그만큼 온 도시가 축제를 보려는 인파로 가득 차기 때문이에요. 퍼레이드를 볼 수 있는 좋은 자리를 두고 암표를 사고파는 사람들도 많아요.

　그렇다고 미리부터 겁먹고 포기할 필요는 없어요. 축제에 대한 여러 가지 정보를 꼼꼼하게 체크하고, 차근차근 준비한다면 누구든 삼바 축제를 즐길 수 있으니까요.

　삼바 축제는 매년 2월 말부터 3월 초까지, 딱 4일 동안 열려요. 남아메리카 사람들답게 굵고 짧게, 더욱 화끈하게 축제를 즐기려는 거예요.

　구체적인 날짜는 해마다 달라지니까 미리 잘 조사해야 해요. 퍼레이드에서 남아메리카의 경쾌한 타악기를 연주하는 대규모 밴드를 '바테리아'라고 해요. 바테리아 밴드와 축제의 여왕을 선두로 한 퍼레이드가 본격적으로 출발하면 화려한 의상을 입은 수백 개의 삼바 팀이 퍼레이드를 펼치며 따라가요. 눈을 뗄 수 없을 만큼 화려하고 신나는 퍼레이드이지요.

　삼바 리듬에 맞추어 쉴 새 없이 몸을 흔들고 춤을 추는 사람들을 보고 있노라면 구경하는 사람들도 저절로 들썩들썩, 흔들흔들 따라서 춤을 추게 돼요.

　지금은 매우 유명해서 구름 같은 인파가 몰려들지만, 처음 이 축제가 시작된 1920년대에는 평범한 동네 파티였어요. 축제의 기원은 영국의 노팅힐 축제와 비슷해요. 브라질이 포르투갈의 식민지였을 때, 아프리카에서 노예로 끌려온 흑인들이 포르투갈 사람들의 사순절 축제에 전통 타악기를 흥겹게 연주하고 춤을 추던 것이 지금의 삼바 축제가 된 거예요. 삼바 축제 또한 고향을 떠나온 흑인들의 애환이 담겨 있는 축제이지요.

　'삼바'라는 이름도 의미를 알면 재미있어요. '삼바'는 브라질로 끌려온 흑인 노예들이 힘이 들 때마다 고향을 그리워하며 손발을 구르면서 부르던 노래의 추임새였어요. 우리 전통 판소리에서 고수들이 '얼쑤!'라고 추임새를 넣는 것처럼 말이에요. 흑인 노예들도 들녘에서 하루 종일 힘들게 농사를 짓다가 힘이 들 때면 '쎔바! 쎔바!' 하면서 흥을 돋우었다고 해요. 삼바의 이름은 여기에서 유래가 되었어요.

삼바 축제가 얼마나 대단한지 아세요? 이 축제에 참가하려면 1년 전부터 삼바 학교에 입학해야 해요. 축제 기간에 우르르 가서 즐기는 것이 아니라, 정식으로 학교에 입학까지 해야 한다니 놀랍죠? 그만큼 브라질에서는 삼바 축제가 국가 차원의 중요한 행사라는 뜻이기도 해요. 또 축제를 멋지게 열어 세계의 많은 사람을 초대하려는 뜻이기도 하고요.

삼바 축제가 유명해지자 브라질 정부는 축제를 국가적인 문화 상품으로 발전시킬 수 있는 여러 가지 방법을 고민했어요. 그러다 1928년에 리우의 흑인 빈민가에 '에스타시오데사에'라는 삼바 학교를 처음 설립하게 되었어요. 현재는 리우에 10개가 넘는 삼바 학교가 있어요. 1년에 한 번 열리는 축제를 위해서 축제 학교까지 세우다니 정말 대단한 열정이죠?

더 놀라운 것은 학교마다 학생 수가 4,000명이 넘는다는 사실이에요. 학교가 10개가 넘는다고 했으니까 학생 수를 전부 합치면 4만 명이 넘어요. 실제로 브라질을 방문하는 외국인 관광객 중 3분의 1 이상이

열정적으로 춤을 추는 삼바의 여인

삼바 축제 기간에 집중적으로 몰린다고 해요. 그러니 브라질 정부에서도 삼바 축제를 전폭적으로 지원하지 않을 수가 없겠죠?

브라질 삼바 축제는 하루 평균 200만 명이 넘는 관람객이 몰려 기네스북에도 올랐다고 해요. 서울시의 인구가 1,000만 명쯤 되니 200만 명이 얼마나 많은 수인지 짐작이 되겠죠? 이 200만 명 안에는 외국 관광객들만 있는 게 아니에요. 열정적인 브라질 국민들은 더더욱 삼바 축제를 사랑해서 삼바 축제에 가기 위해 1년을 보낸다는 말이 있을 정도예요. 특히 브라질 삼바 축제를 찾는 브라질 국내 관광객만 25만 명 이상 된다고 하니, 정말 대단한 축제라고 할 수 있죠.

삼바 축제는 리우의 가장 유명한 명소인 코파카바나 해변 인근 큰 거리에서 펼쳐져요. 프랑스의 니스 축제처럼 거리 양측에 6만 석이나 되는 대형 좌석을 마련해 놓고 도로 가운데에서 퍼레이드를 펼치는 거예요. 퍼레이드가 펼쳐지는 700미터가 넘는 이 거리를 '삼바드로모'라고 해요. 각 학교에서 1년 동안 준비한 멋진 퍼레이드를 삼바드로모를 행진하며 흥겹게 공연하는 거예요. 각각의 팀이 경쟁하듯 펼치는 퍼레이드들이 바로 삼바 축제의 핵심이랍니다.

좌석이 6만 석이나 되는데도 축제가 시작되면 표를 살 수가 없어 발을 동동 굴러요. 표값이 수백만 원까지 올라가는 경우도 있어요. 좌석이 높기 때문에 안쪽으로 들어가지 않으면 퍼레이드를 하나도 구경할 수 없기 때문이지요. 보통은 우리 돈으로 몇만 원이면 살 수 있지만

삼바드로모를 지나가는 대형 퍼레이드

좋은 자리를 차지하려면 30~40만 원, 많게는 수백만 원까지 줘야 살 수 있답니다. 물론 저렴한 표도 많으니 크게 걱정할 것은 없어요. 단, 축제 기간에 리우로 가는 비행기 표를 구해야 해요. 문제는 비행기 표 구하는 일이 하늘에 별 따기만큼 힘들어요.

 2012년 브라질 삼바 축제에는 특별한 퍼레이드가 벌어졌는데, 바로 한국을 주제로 한 퍼레이드 행렬이었어요. 한국 교포의 브라질 이민 50주년을 기념해서 리우의 한 삼바 학교가 '한강의 7개 물결'이라는 주

이집트 문명을 표현한 삼바 학교 학생들의 퍼레이드

제로 퍼레이드를 펼쳤어요. 한국을 상징하는 용, 호랑이 등으로 꾸민 퍼레이드 차량 사이사이에 한국 전통 악기를 들고 춤을 추는 삼바 댄서들이 행진을 했답니다. 리우뿐만이 아니라 상파울루 삼바 축제에서도 '메이드 인 코리아'라는 주제로 멋진 퍼레이드가 펼쳐졌어요. 평생에 한 번 보기도 힘든 삼바 축제에 우리나라를 주제로 한 퍼레이드가 열렸다니, 이날 삼바드로모에 있었던 한국인들은 정말 특별한 경험을 한 셈이에요.

마피아의 도시

" 리우데자네이루는 범죄가 많은 도시로도 유명해요. 영화에서나 본 마피아들의 근거지이기도 하지요. 화려한 삼바 축제가 열리는 멋진 도시 리우이지만, 평소에는 범죄 조직인 마피아들 때문에 몸살을 앓고 있지요. 리우에 갈 때에는 특별히 안전에 주의를 기울여야 해요. 심지어 대낮에 리우 시내 한복판에서 브라질 경찰과 마피아가 총격전을 벌이기도 해요. 따라서 시내 어디를 가더라도 혼자 다녀서는 안 되고, 특히 밤늦은 시간에 다니는 건 목숨을 내놓는 행동이라는 걸 기억해야 할 거예요. "

• 암표 | 법을 위반하여 몰래 사고파는 각종 탑승권, 입장권 따위의 표.
마피아 | 이탈리아의 시칠리아 섬을 근거로 하는 강력한 범죄 조직. 20세기 들어 미국, 브라질 등 대도시에서 마약과 도박, 금융 따위에 관련된 거대한 범죄 조직을 형성했다.

소년들의 선행이 세계 3대 축제로?

일본 삿포로 눈꽃 축제

이웃 나라 일본에는 어떤 축제가 있을까요? 일본에는 세계적으로 유명한 겨울 축제가 있답니다. 일본의 북부 지역 삿포로에서 매년 2월에 딱 일주일 동안 열리는 삿포로 눈꽃 축제예요. 오도리 광장과 쓰돔, 스스키노 등 삿포로 시내 몇 곳이 축제 행사장으로 지정되어 성대하게 치러지는 계절 축제랍니다.

특히 삿포로의 눈꽃 축제는 브라질의 삼바 축제, 독일 옥토버페스트와 함께 세계 3대 축제로 손꼽혀요. 뿐만 아니라 중국의 하얼빈 빙등제, 캐나다의 겨울 축제와 함께 세계의 3대 겨울 축제로도 인정받고 있죠. 그만큼 멋지고 이색적인 축제로 널리 알려져 있으

니, 일본인들이 얼마나 자랑스럽고 뿌듯할까요?

　대개 세계적으로 유명한 축제에 가 보면 사람들이 많이 모여들어서 곳곳에 쓰레기도 많고 질서도 잘 지켜지지 않는데, 일본의 삿포로 축제는 달라요. 철저한 질서 의식이 몸에 밴 삿포로 시민들이 나서서 축제를 사랑하는 마음으로 봉사하기 때문에 축제 기간 내내 온 도시가 깨끗하고 질서정연하답니다. 축제를 주최하는 주인다운 자세이지요? 축제에 참석해 즐기는 손님이라 해도 이런 의식은 스스로 갖추고 지켜야 할 점이에요.

　삿포로 축제의 기원을 알게 되면 일본인들의 소박하고 아름다운 인간미를 느낄 수 있어요. 제2차 세계 대전이 끝난 뒤인 1950년 즈음은 일본 국민들에게 매우 힘든 시기였어요. 일본이 전쟁을 먼저 일으킨 데다가 전쟁에 크게 졌기 때문이지요.

　일본인들은 많은 사람을 전쟁으로 내몰았다는 죄책감과 패배감을 함께 느껴야 했어요. 또 전쟁으로 이웃과 형제자매를 잃은 슬픔에다 경제적인 어려움까지 겪어야 했지요.

　삿포로는 일본에서도 가장 북쪽에 있는 추운 도시라서 더욱더 우울했어요. 그러던 어느 날 중학생과 고등학생 친구들 몇몇이 모여 사람들을 웃게 해 줄 뭔가를 만들어야겠다고 생각했어요. 하지만 아직 학생이라 돈을 들여 거창한 것을 만들 수는 없었어요. 눈에 보이는 건 매일매일 하염없이 쏟아지는 눈뿐이었지요.

축제를 찾은 관광객들이 만든 눈사람들

    소년들은 눈을 뭉쳐 재미있는 조각들을 만들기 시작했어요. 그리고 완성된 눈 조각 여섯 작품을 삿포로 사람들이 모두 볼 수 있도록 오도리 공원에 전시했어요. 그런데 의외로 사람들의 반응이 매우 좋았다고 해요. 전쟁이 끝난 뒤 웃을 일이 거의 없던 삿포로 사람들 얼굴에 작은 미소들이 피어난 거예요.

    소년들은 기쁜 마음에 눈 조각품들을 더 만들었고, 해마다 오도리 공원에 눈 조각품들을 전시했어요. 그러다 보니 매년 조각품들이 늘어 갔고, 일본 자위대까지 참여해 온갖 모양의 눈 조각품들을 선보이면서 차츰 오늘날의 거대한 눈꽃 축제로 자리를 잡게 되었어요.

　　소년들의 기특한 생각이 거대한 눈꽃 축제로까지 발전했다는 게 놀랍지요? 아무리 작은 선행이라도 누군가에게는 이렇게 큰 기쁨이 되고, 여러 사람의 마음을 움직일 수 있다는 것을 우리 친구들도 꼭 기억했으면 좋겠어요.

　　삿포로 눈꽃 축제가 세계적인 명성까지 얻게 된 건 동계 올림픽 덕분이었어요. 소년들의 눈 조각품 여섯 작품으로 시작된 눈 축제가 삿포로의 대표 겨울 축제로 자리 잡아 가던 중, 1972년 삿포로에서 세계적인 스포츠 축제인 동계 올림픽을 치르게 되었어요. 그때 삿포로 동계 올림픽을 취재하기 위해 각국에서 몰려든 기자들을 통해 삿포로의

눈으로 만든 아름다운 조명들

눈꽃 축제가 전 세계에 소개되었고, 오늘날 세계 최고의 축제로 명성을 얻게 되었답니다. 지역의 작은 축제를 국가적인 문화 상품으로까지 발전시키게 된 것이지요.

삿포로 눈꽃 축제의 자료들이 모두 전시된 박물관

우리나라에서도 2018년 평창 동계 올림픽이 열려요. 태백산맥에 자리 잡은 평창의 뛰어난 자연 경관과 시원하게 펼쳐진 동해 바다, 거기다 강원도의 맛있는 음식들까지, 우리나라 평창도 자랑할 게 참 많아요. 게다가 주변 도시는 어떤가요? 태백 눈꽃 축제, 화천 산천어 축제 같은 겨울 축제도 비슷한 시기에 열리니, 어찌 보면 우리나라의 아름다움을 세계에 알릴 좋은 여건들을 가졌다고 볼 수 있지요.

그러니 우리도 한국의 아름다움을 전 세계 사람들에게 자랑할 준비를 단단히 해야겠지요?

삿포로 눈꽃 축제에는 올림픽이 끝난 뒤에도 매년 200만 명 이상의 외국인 관광객들이 찾아오고 있다고 해요. 이런 세계적인 축제가 일본에 있다는 사실만으로도 나라의 문화적 위상은 크게 높아진답니다. 이제는 축제의 규모도 훨씬 커지고 대형 눈 조형물을 만드는 데도 기술이 쌓여 많은 볼거리를 연출하고 있어요. 눈이 부족하진 않느냐고요? 삿포로에서는 축제가 시작되기 한 달 전부터 트럭 수십 대를 동원해 눈이 녹지 않도록 잘 모아 두었다가 축제 때 본격적으로 사용한다고 해요. 축제를 위한 이런 정성 하나하나가 모여 축제를 더욱 완벽하고 아름답게 연출한다는 사실을 꼭 기억하세요!

 삿포로 눈꽃 축제에 꼭 챙겨 가야 하는 것?

" 삿포로 눈꽃 축제에 갈 때는 '화장지'를 꼭 챙겨 가야 해요. 오도리 축제장에 도착하면 눈보라 치는 추운 날씨 탓에 1시간도 지나지 않아 금세 콧물이 줄줄 흐르거든요. 멋진 신사숙녀들이 축제장에서 콧물을 줄줄 흘리면 좀 창피하겠죠? 손난로와 신발용 체인도 준비하면 추운 날씨와 미끄러운 빙판길에서 큰 도움이 된답니다. "

- 자위대 | 1954년 일본의 치안 유지를 위해 창설한 일본의 국방 조직.

시신을 찾기 위해 바다에 만두를 던진다고?

홍콩 용선 축제

　홍콩의 용선 축제는 홍콩 빅토리아 항구에서 매년 음력 5월 5일부터 3일간 치러지는 전통 수상 축제예요. 빅토리아 항구는 홍콩 섬과 구룡 반도 사이에 위치한 홍콩의 심장과 같은 항구이지요. 이곳에서 용선 축제가 열리면 항구에 발 디딜 틈조차 없을 만큼 사람들이 많이 붐벼요. 홍콩 사람들은 용선 축제를 '투엔응(단오절) 축제', '드래곤 보트 축제'라고도 부르지요.

　홍콩에서 용선 축제가 열릴 즈음 우리나라에서도 축제가 열려요. 바로 음력 5월 5일 전국 방방곡곡에서 열리는 단오제예요. 중국에서 음력 5월 5일 단오절은 굉장히 중요한 민족 명절인데, 우리나라의 단오의

입에 여의주를 문 화려한 용선

기원이 중국에서 왔다고 해요. 중국을 비롯해 싱가포르, 대만, 그리고 우리나라와 일본에서 단오 명절을 기념하고 있어요. 우리나라에서 단오 준비를 할 즈음, 홍콩에서 용선 축제 준비를 하고 있다고 생각하면 돼요. 음력 5월 5일은 양력 달력으로 찾아보면 대략 6월 중순쯤이랍니다.

홍콩의 용선 축제의 역사는 공식적으로 1976년부터 시작됐어요. 그러나 기록으로 남아 있지 않은 먼 옛날부터 용선 축제의 풍습이 있어 왔기 때문에 정확히 언제 시작되었는지 알 수 없어요. 다만 축제의 기원이 되는 이야기를 살펴보면 짧은 역사를 가진 축제가 아니라는 걸 알 수 있답니다.

어떤 이야기인지 궁금하다고요? 아주 먼 옛날 중국에 '굴원'이라는 충신이 살았다고 해요. 굴원은 탐관오리들을 멀리하고 가난한 백성들을 위하는 어진 관리였답니다. 그런데 굴원의 대쪽 같고 바른 마음을 시기하는 부패한 관리들도 많았어요.

굴원은 부패한 관리들에 맞서 싸우고 황제에게도 진심 어린 충언을 했지만, 결국 억울한 누명을 쓰고 미로 강에 스스로 빠져 죽고 말았어요. 뒤늦게 그 사실을 알고 마을 사람들이 굴원을 구하기 위해 달려왔지만 굴원은 이미 죽어 혼령이 된 뒤였어요.

사람들은 굴원의 시신이라도 찾아 넋을 달래 주고 싶었어요. 철썩철썩 수면을 치고 북을 울리면서 바닷속 물고기들이 굴원의 시신을 먹지 않도록 중국식 만두 '쫑지'를 던져 주었대요.

안타깝게도 굴원의 시신을 찾지는 못했지만, 그 후로 사람들은 매년 굴원이 죽은 5월 5일이 되면 온 마을 사람들이 모여 쫑지를 바다에 던지며 굴원의 혼을 달랬답니다. 뱃머리에 용의 모형을 장식한 '용선'으로 바다를 가르는 풍습도 그래서 생겨났어요.

만두를 던지는 일에도 그런 깊은 사연이 담겨 있다니 놀랍지요? 그나저나 만두에는 기름기도 많을 텐데 바다에 던졌다가 환경 오염이라도 되면 어쩌나 걱정이 되기도 해요.

용선 경기는 매년 각국에서 찾아오는 외국 팀까지 합해서 200팀이 넘게 참가해요. 총 6,000여 명이 용선 선수로 참가하는데, 이를 보기 위해 홍콩을 방문하는 관광객도 엄청 많아요.

　　용선은 배의 앞머리와 꼬리 부분이 전설 속의 수호신인 용의 모습을 하고, 홍콩의 전통 기법을 살려 화려하게 장식한 10미터 길이의 기다란 배랍니다.

　　용선 경기가 시작되면 선수들은 경단을 나누어 먹고 나서 일제히 노를 젓기 시작해요. 푸른 바다 위를 미끄러지듯 나아가는 수많은 용선을 상상해 보세요. 마치 푸른 바다 위를 날아가는 용들처럼 보이겠죠? 용선에는 보통 20명 정도가 탈 수 있어요. 용선 경기를 할 때는 노 젓는 선수 말고도 키잡이, 북잡이가 함께 타요. 키잡이는 배의 방향을 키로 조절하고, 북잡이는 북을 두드려 박자를 맞추어요. 경기가 시작되면 경기장은 북소리와 관중들의 함성 소리로 가득해진답니다.

　　용선은 짧은 모양의 카누나 조정 경기에서 타는 배랑 비슷해요. 한 명이라도 균형을 잃거나 일어섰다가는 모두가 한꺼번에 바다로 퐁당 빠질 수 있어요. 용선 축제에는

이따금씩 이런 초보 뱃사공들이 참가해서 관광객들에게 큰 웃음을 선사하기도 한답니다. 긴 용선의 경우에는 22명까지 승선할 수 있다고 하니, 꼭 능수능란한 선수가 아니라도 협동심을 키우기 위한 단합 대회로 한 번쯤 참가해 보면 좋아요.

사실 용선 축제는 단오절을 지내는 중국 문화권이라면 어디서든지 음력 5월 5일에 맞춰 똑같이 치러요. 중국 본토와 홍콩, 대만 등지에서 폭넓게 펼쳐지는데, 중국 본토보다는 홍콩과 대만의 용선 축제가 더 활기차답니다.

놀라운 사실은 2010년 광저우 아시안 게임에 용선이 정식 종목으로 채택이 되었다는 거예요. 금메달이 6개나 걸린 종목이었지요. 우리나라에서도 카누 선수들이 남자 대표팀을 구성해 참가했답니다.

출발 신호와 함께 힘차게 출발하는 용선들

예전에는 배를 능숙하게 다루는 이 지역 사람들만 홍콩 용선 축제에 참가했지만 최근에는 노를 한 번도 만져 보지 못한 사람들도 간혹 참가하고 있어요. 홍콩에 있는 기업에 다니는 직원들이나 지역 단체들이 각각 팀을 만들어서 1년 동안 연습을 하고 이 축제에 참가하는 것이지요. 도시에 활력도 주고, 전통도 살리고, 시원한 여름휴가로도 제격인 셈이지요.

축제에 참가하려면 팀부터 짤 것

" 홍콩은 매년 여름휴가를 겸하여 용선 축제를 위해 전 세계에서 몰려드는 단체 팀들로 북새통이 돼요. 경쟁 방식으로 1등을 한 팀에게는 큰 상품도 돌아가죠. 그래서 경쟁이 매우 치열한 편이에요. 최종 결승보다 예선전에서 뽑히는 게 더 어렵다고도 해요. 사람이 너무 많다 보니 해외 팀, 국내 팀, 남자 팀, 여자 팀 이렇게 구분하고 있어요. 물 위를 가르는 화려한 용선들을 구경하는 것도 좋지만, 연초에 참가 신청을 하고, 친한 친구들과 팀을 꾸려서 직접 참가하는 것도 큰 재미가 있을 거예요. "

남아메리카 대륙 최대의 예술 축제라고?

멕시코 세르반티노 축제

이룩할 수 없는 꿈을 꾸고 / 이루어질 수 없는 사랑을 하고

이길 수 없는 적과 싸우고 / 견딜 수 없는 고통을 견디며

잡을 수 없는 저 하늘의 별을 잡자

이 멋진 말은 스페인의 대표 작가 미겔 데 세르반테스가 쓴 소설 『돈 키호테』에서 주인공 돈 키호테가 한 말이에요.

『돈 키호테』에는 약간 허황되고 제정신이 아닌 남자가 등장하는데, 그는 당시 유행하던 용감한 기사의 이야기를 읽고 자신이 그 이야기의 주인공인 돈 키호테라는 착각에 빠져요. 그래서 같은 마을에 사는 산초 판사와 사랑하는 말 로시난테를 데리고 험난한 여정을 떠나죠. 멕시코 축제를 이야기하다가 왜 갑자기 스페인 소설을 이야기하느냐고요?

멕시코 사람들이 이 소설을 얼마나 사랑했는지, 멕시코의 한 지방 도시에서 돈 키호테의 작가 세르반테스의 이름을 내건 예술 축제를 만들었기 때문이에요. 그 축제가 바로 세르반티노 축제예요. '세르반테스'를 멕시코 말로 '세르반티노'라고 하지요. 축제의 역사도 벌써 60년이나 되었다고 해요.

세르반티노 축제는 매년 10월 멕시코에 선선한 가을바람이 불기 시작하면 유네스코 세계 문화유산에 등재된 역사 도시 과나후아토에서 무려 3주간 열려요.

콘서트, 발레, 오페라, 연극 등 종합 예술 축제로는 세계적으로도 다섯 손가락 안에 꼽을 정도로 우수한 축제로 인정받고 있지요. 게다가 남아메리카 대륙 최대 규모의 축제로서 전통과 예술성, 지역적 특성을 골고루 갖추고 있답니다.

축제가 시작된 배경도 굉장히 재미있어요. 1952년 멕시코 과나후아토의 한 대학 교수와 학생들이 세르반테스의 소설을 연극으로 만들어 길거리에서 공연을 펼쳤는데, 시민들의 반응이 뜨거워 자연스럽게 매년 공연을 한 것이 연극 축제로 발전했다고 해요.

이 작은 연극 축제가 시민들의 사랑으로 20여 년 동안이나 이어졌고, 1973년부터는 멕시코 정부의 적극적인 지원으로 국제적인 예술 축제로 거듭났어요. 그리하여 1977년부터는 연극뿐만 아니라 음악, 무용, 미술, 뮤지컬 등 여러 가지 장르가 추가되었지요..

지금은 전 세계에서 300개 이상의 다양한 예술 단체들이 경쟁적으로 참가를 신청할 정도예요. 실제로 세르반티노 축제에서 공연한 예술가들의 수가 2,500여 명에 이르러요. 또 반세기를 지나면서 세계적인 축제로 발돋움했기에 축제로 벌어들이는 수입이 한 해에 6,000만 달러가 넘는다고 해요.

축제가 열리는 과나후아토는 지도에서 찾아보면 멕시코의 정중앙에 위치한 아름다운 도시예요. 멕시코 독립 운동의 근거지로도 유명한 곳이지요. 멕시코의 수도 멕시코시티에서는 북서쪽으로 3시간쯤 떨어져 있는 대표적인 문화 도시예요.

도시의 중심부에는 '후아레스'라는 화려하고 웅장한 극장이 하나 있어요. 이곳이 바로 세르반티노 축제의 중심지이자 주요 공연을 관람할 수 있는 곳이에요. 극장 이름은 원주민 출신으로 멕시코 최초로 대통령으로 뽑힌 베니토 후아레스의 이름에서 따왔어요.

브라질 삼바 축제가 관광객들을 위한 축제라면 세르반티노 축제는 예술가들이 한 해 동안 준비한 작품들을 선보이는 발표회라고 할 수 있어요. 무엇보다 남아메리카의 정열적인 문화와 전통 예술을 경험할 수 있는 장이기도 해요.

　세르반티노 축제 공연 티켓은 인터넷으로 예약할 수 있어요. 연극, 콘서트, 발레, 오페라, 뮤지컬, 코미디, 거리 공연, 무용, 전시 등 온갖

아슬아슬하면서도 환상적인 공연

종류의 공연 프로그램이 곳곳에서 열리기 때문에 옮겨 다니면서 골라 보는 재미가 있답니다.

하지만 워낙 인기가 좋다 보니 7만 장에 이르는 티켓이 순식간에 팔린다고 해요. 만약 티켓을 예약하지 못하면 어떻게 하냐고요? 걱정하지 마세요. 후아레스 극장 서쪽에 티켓을 판매하는 창구가 있거든요. 50페소, 한국 돈으로 약 4,000원 정도를 내면 어린이 티켓을 구입할 수 있답니다.

거리의 악단 마리아치

" 멕시코 거리에서 챙이 넓은 모자와 은색 단추가 화려한 연미복 차림의 악단을 만나면 큰 행운이에요. 이 악단은 멕시코 전통 음악을 연주하는 거리의 악단 '마리아치'랍니다. '마리아치'는 멕시코 서부의 '할리스코'라는 지역에서 처음 시작된 음악을 가리키는 말이기도 해요. 멕시코의 정치나 역사, 사건, 사랑의 노래까지 다양한 이야기를 주제로 노래를 하지요. 멕시코 하면 가장 먼저 생각나는 멕시코의 상징과 같은 음악가들이지요. "

사나이라면 말 타고 활 정도는 쏴야지!

몽골 나담 축제

나담 축제는 매년 여름 몽골의 수도 울란바토르에서 펼쳐지는 아시아 최대의 민속 축제예요. 춤과 노래는 물론이고 말 타기, 씨름, 활쏘기 등 몽골의 전통적인 민속놀이를 한데 모아 한바탕 즐기는 화합의 축제이지요.

넓은 초원 위에서 말을 타고 활도 쏜다니 정말 재미있을 것 같죠? 우리 친구들도 기마 민족의 후손이라 축제에 참가하면 멋지게 잘 해낼 수 있을 테니 나중에 꼭 도전해 보세요.

몽골은 아시아의 정중앙에 있는 나라예요. 아름답고 드넓은 초원을 가진 나라이기도 하지요. 몽골 민족은 한곳에 정착해 살지 않고 끊임없이 이동하면서 사는 유목 민족이에요. 넓은 초원 위에 '게르'라는 동그란 텐트를 치고 소와 양을 수백 마리씩 기르며 살지요.

매년 7월 11일부터 3일간 펼쳐지는 나담 축제에서는 몽골의 드넓은 초원과 몽골인의 힘찬 기상을 생생하게 느낄 수 있어요. 나담은 원래 '놀이', '게임', '경기'라는 뜻이에요. 말 그대로 몽골의 전통적인 민속놀이를 토대로 열리는 큰 축제인 셈이지요.

나담 축제에서 빠질 수 없는 씨름 경기

몽골은 1921년 7월 11일에 중국의 지배에서 어렵게 독립을 했어요. 나담 축제는 몽골이 중국으로부터 독립한 날을 기념하기 위해 만든 축제예요. 독립을 이룬 기쁜 날을 모두가 함께 즐기면서 저절로 생겨난 축제인 것이지요.

나담 축제에서 펼치는 몽골의 민속놀이들은 과거 아시아 대륙을 지배한 몽골 족의 대표적인 용병술을 재현한 것이기도 해요. 그중에서도 활쏘기, 말 타기, 씨름을 가장 중요하게 생각해요. 왜냐하면 이 세 가지가 아시아 대륙을 지배한 몽골을 강력하게 만들어 준 핵심 종목이기 때문이지요.

한때 칭기즈 칸이 이끌던 몽골은 아시아를 지배하고, 유럽의 일부 지역까지 제패해서 세계 최대의 영토를 자랑하던 나라였어요. 이후 크게 일어난 중국 한족의 지배를 오랫동안 받은 탓에 지금은 인구 300만 명이 채 안 되는 가난한 나라가 되었어요.

당시 칭기즈 칸이 이끌던 몽골은 탄탄한 전투력으로 이름을 날렸는데, 이를 뒷받침해 준 것이 바로 백발백중의 활 솜씨와 빠른 말 타기, 육탄전에서도 절대 물러서지 않는 씨름 기술이었지요. 그래서 오늘날에도 나담 축제에서 이 세 가지 민속놀이를 가장 중요하게 생각하고 있답니다.

'버흐'라고 불리는 씨름 경기는 놓쳐서는 안 될 볼거리예요. 우리나라의 씨름처럼 두 사람이 모래판에 올라가 싸우는 형식이

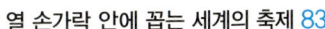

아니라 많을 때는 1,000여 명이 넓은 초원에 모여 동시에 씨름을 시작해요. 운동 경기인데도 마치 사람들이 떼로 패싸움하는 것처럼 보이기도 해요.

버흐 선수들은 총 여덟 번 싸움을 할 수 있는데, 그렇게 해서 살아남는 최고의 선수를 가려 낸답니다. 여덟 번 다 이기면 우리말로 '사자'라는 칭호를 내려 주고, 이 사람이 다음 축제에서도 또 우승을 하면 '거인', 즉 몽골의 천하장사가 돼요.

버흐 경기를 할 때 몽골 사람들은 '구달'이라는 천으로 만든 허리띠를 착용하는데, 우리나라의 씨름 선수들이 착용하는 샅바와 비슷해요. 구달을 묶는 방식은 좀 다르지만 옷을 거의 다 벗은 상태에서 구달을 잡는다는 점은 씨름과 비슷해요.

말 타기를 할 때는 독특한 규칙이 있어요. 말의 나이에 따라서 달리는 거리를 다르게 한다는 거예요. 두 살 된 말은 15킬로미터, 세 살 된 말은 20킬로미터, 네 살 된 말은 25킬로미터, 다섯 살 된 말은 28킬로미터, 여섯 살 이상 된 말은 30킬로미터, 이렇게 종목이 달라진답니다. 사람과 동물이 호흡을 맞추는 경기지만 동물들의 경기력을 고려해서 경기 규칙을 만든다는 발상이 신선하죠?

좋은 말들이 많은 몽골이지만 그중에서도 가장 훌륭한 종마를 '아즈라가'라고 하는데, 나담 축제가 열리면 이런 말들을 한데 모아 축제장 밖 넓은 초원에서 경주를 펼쳐요. 무려 500여 마리가 넘는 말들이

활쏘기 경기에 참가한 몽골 여성

초원에서 한꺼번에 경주를 펼치기 때문에 이 장관을 보기 위해 엄청난 관중들이 몰려들어요. 멋진 자연 경관과 동물과 사람이 이렇게 함께 어우러진 축제는 보기 드문 광경이니까요.

참, 활쏘기 경기에는 여자도 참가할 수 있어요. 씨름 경기는 체급도 없이 한꺼번에 경기를 치르지만 활쏘기 경기는 신체적인 차이를 생각해서 남자와 여자가 쏘는 거리를 달리해서 경기를 치러요. 남자는 75미터, 여자는 60미터 거리를 두고 활을 쏴서 가장 잘 쏜 최고의 궁사를 뽑아요. 75미터와 60미터라는 과녁까지의 거리는 활의 길이에 비례한 거리예요. 몽골의 남자와 여자들이 주로 쓰는 활의 길이를 재서, 이 길이의 45배가 되는 곳에 과녁을 두고 쏘는 것이지요. 이 또한 칭기즈 칸이 군사들을 훈련시키던 고도의 기술이 아닐까 싶어요.

몽골의 황제 칭기즈 칸

" 칭기즈 칸은 뿔뿔이 흩어져 있던 중앙아시아의 여러 부족들을 통일시켜 현재의 몽골 제국을 탄생시킨 통치자예요. 칭기즈 칸의 본명은 테무친이며, 1162년 오논 강 유역에서 태어났어요. 칭기즈 칸은 '우주의 군주'라는 뜻인데, 황제에 대한 깊은 존경과 복종의 뜻이 담긴 칭호이지요. 당시의 몽골은 아시아와 동유럽까지 그 세력을 떨쳐 인류 역사상 가장 넓은 영토를 가진 제국이었어요. 물론 우리나라도 고려 시대에 몽골이 세운 원나라의 침략을 여러 번 당했고, 온 나라가 원나라의 간섭을 받기도 했답니다. "

● 육탄전 | 몸을 무기 삼아 적과 벌이는 전투.

모차르트의 고향에서 음악의 향연을 즐기자!

오스트리아 잘츠부르크 축제

　오스트리아의 잘츠부르크 축제는 100년 가까이 된 유서 깊은 전통 예술 축제예요. 매년 여름 7월 하순부터 한 달에서 한 달 반가량 열리는데, 클래식 콘서트와 오페라 공연을 마음껏 관람할 수 있지요. 역사가 깊은 만큼 공연들도 알차고 감동적이라 표를 사기도 힘들어요. 매년 크고 작은 전 세계의 명품 공연들이 잘츠부르크 축제에 참여하기 때문에, 축제를 보러 잘츠부르크를 방문하는 관광객만도 200만 명이 넘는답니다.

　표가 비싼 편이라 적게는 15유로(2만 원)에서 많게는 370유로(55만 원)까지 하는데도 반년 전에 일찌감치 예매해 두지 않으면 안 돼요. 게

으른 사람들은 꿈도 못 꿀 축제라고 할 수 있지요.

잘츠부르크 축제가 이렇게 유명세를 타는 데는 재미있는 공연이 많아서이기도 하지만, 잘츠부르크라는 고장 자체가 사람들을 끌어당기는 매력이 있기 때문이기도 해요.

『마술 피리』,『피가로의 결혼』,『돈 조반니』하면 떠오르는 사람이 있지요? 이 아름다운 작품들을 만든 천재 음악가 모차르트의 고향이 바로 잘츠부르크예요. 다섯 살 때부터 작곡을 했다는 볼프강 아마데우스 모차르트는 이곳 잘츠부르크에서 태어나 역사에 남을 수많은 명곡들을 남겼지요.

이뿐 아니라 잘츠부르크는 아름다운 음악과 자연으로 유명한 영화

『사운드 오브 뮤직』의 배경이 된 고장이기도 해요.

　잘츠부르크 축제는 1920년 8월 20일에『예더만』이라는 공연을 올린 것이 그 시작이었어요. 예상 외로 큰 인기를 얻자 이듬해부터 모차르트의 대표 작품들을 공연하기 시작하면서 자연스럽게 축제로 자리 잡게 된 것이지요.

　오랫동안 축제가 이어져 내려오면서 잘츠부르크의 극장들도 독특하고 역사적 의미를 갖춘 명소들로 탈바꿈했어요. 이 축제의 주 극장으로 활용되는 2,400석의 대극장과 이보다 작은 소극장은 당시 말을 키우던 마구간을 개조해서 만든 것이랍니다. 게다가 '펠젠라이트슐레'라고 불리는 연극 무대는 이 고장에 있는 거대한 바위를 뚫어 만들었다고

해요. 작은 고장에서 큰 음악 축제를 개최하려다 보니 공연장으로 사용할 공간이 턱없이 모자라, 이렇게 지혜를 짜내 공연장들을 만든 것이지요. 마구간을 극장으로 만들고 바위를 뚫어서 연극 무대를 만들 생각을 하다니, 잘츠부르크 사람들의 창의력이 대단하다고 생각되지 않나요?

잘츠부르크 축제가 시작되면 시내 전체가 공연을 기다리는 관람객들도 북새통을 이루어요. 그중에서 공연장이 아닌데도 사람들이 가장 많이 몰려드는 곳이 있어요. 어디일까요? 바로 모차르트의 생가가 있는 게트라이데 거리예요. 모차르트의 생가는 게트라이데 거리 9번지인데, 전 세계에서 몰려든 여행객들이 모차르트의 생가와 모차르트가 실

모차르트의 고향 잘츠부르크의 아름다운 야경

제로 썼던 물건들, 그리고 작곡을 했던 흔적들을 보려고 줄을 서지요.

게트라이데 거리에서는 모차르트를 추모하고 음악을 사랑하는 거리의 악사들이 시시때때로 연주를 해요. 가난한 악사들이 거리에서 연주하는 모습을 보고 있노라면 '음악에 취한다'는 말이 어떤 느낌인지 알 수 있을 거예요. 거리 악사들의 연주는 누구라도 감상적으로 만드는 힘이 있지요. 공연 표를 구하지 못했다고 우울해 할 필요도 없어요. 그냥 잘츠부르크 시내만 걸어 다녀도 언제 어디서나 아름다운 음악을 들을 수 있으니까요.

1년 내내 음악이 끊이지 않는 잘츠부르크

" '음악의 고장'답게 잘츠부르크에서는 1년 내내 다양한 주제의 음악 축제들이 끊임없이 열려요. 그래서 이 작은 도시에서 모차르트 같은 세계적인 예술가들이 많이 나오나 봐요. 여름에 열리는 잘츠부르크 축제를 놓쳤다 하더라도 다른 날 언제든지 찾아가서 아름다운 음악 축제들을 실컷 즐겨 보세요.

1월 잘츠부르크 모차르트 축제
4월 카라얀이 만든 부활절 음악제
5~6월 미라벨 궁전에서 펼쳐지는 봄 축제
7~8월 잘츠부르크 축제
12월 강림절 음악제 "

멋진 가면을 쓰고 물의 도시를 체험하자!

이탈리아 베네치아 축제

　베네치아 축제는 매년 2월경 사순절이 시작되기 전 13일간 치러져요. 사순절은 기독교에서 예수 그리스도의 고난을 40일 동안 경건하게 기리며 부활절을 기다리는 기간이에요.

　사순절 기간에는 예수의 고난에 동참하고자 단식을 하거나 육식을 금하는 전통이 있어요. 그래서 사순절이 시작되기 전에 미리 마음껏 먹고 즐기던 것이 축제로 자리 잡은 것이지요.

　실제로 이 기간에는 사람들이 고기를 평소보다 두 배는 많이 먹는다고 해요. 고기 금식을 하는 사순절이 다가올 때쯤 오히려 고기 판매량이 훨씬 높아지는 이상한 현상이 일어나기도 하지요.

↳ 베니스 축제를 상징하는 화려한 가면들

    축제도 멋지지만 베네치아는 도시 자체가 신비한 체험을 할 수 있는 곳이에요. 유럽의 도시들은 저마다 특색이 있고 멋진 광경을 가지고 있지만, 이탈리아의 베네치아야말로 가장 독특한 환경을 가진 이색 도시라고 할 수 있어요. 베네치아는 무려 118개의 작은 섬으로 이루어진 도시예요. 섬끼리는 수로와 다리로 연결되어 있어요. 골목골목이 수로와 다리이고, 그 아래로는 물이 흐르고 있지요.

    환상적인 물의 도시에서 펼쳐지는 가면 축제! 생각만 해도 가슴이 벅차오르죠? 이런 환상적인 도시 풍경을 보기 위해 전 세계의 여행객들이 매년 2월이면 베네치아로 몰려든답니다.

축제가 시작되면 베네치아는 가면을 쓴 사람들과 여행객들로 발 디딜 틈이 없을 만큼 분주해져요. '곤돌라'를 타고 귀족처럼 베네치아를 여행하는 사람도 있고, '바토레토'라고 부르는 수상 버스를 타고 축제의 거리로 나가는 사람들도 있어요. 모터보트는 택시 같은 역할을 해요. 적게는 20유로부터 많게는 180유로까지 다양한 가격의 배를 타고 축제 장으로 몰려드는 것이죠. 차는 타고 갈 수 없어요. 도시 자체가 작은 섬 들로 이루어져 지반도 약하고, 대부분의 길이 수로나 다리여서 자동차 가 몰려들면 큰일 나요.

베네치아의 중심에 위치한 산마르코 광장은 베네치아에 있는 여러 광장 중에서도 유일하게 '피아차'라는 명칭이 붙은 곳이에요. 피아차는 아름다운 건물로 둘러싸인 넓은 광장을 일컫는 말인데, 산마르코 광장 은 산마르코 대성당과 두칼레 궁전, 오랜 전통의 레스토랑 등으로 둘러 싸여 한마디로 거대한 회랑이라고 할 수 있죠.

프랑스의 황제인 나폴레옹도 베네치아에 왔다가 산마르코 광장의 아름다움에 빠져 '세계에서 가장 아름다운 응접실'이라는 찬사를 아끼 지 않았다고 해요.

만약 베네치아의 복잡한 골목에서 길을 잃는다면 언제나 산마르코 광장을 찾으면 돼요. 여기가 베네치아 축제의 중심이자 제일 멋진 가면 행렬이 펼쳐지는 곳이니까요.

산마르코 광장에서는 가면 행렬뿐만 아니라 옛날 가면과 오늘날의

가면을 함께 볼 수 있는 의상 대회도 열려요. 또한 베네치아에서 가장 큰 광장인 만큼 스포츠, 민속 전시회 등 베네치아가 준비한 다채로운 문화 행사가 광장 주변에서 열린답니다.

베네치아 축제에서 왜 사람들이 가면을 쓰게 되었는지 궁금하지요? 가면이 처음 베네치아에 들어온 것은 1204년 십자군 전쟁 때였어요. 총독 엔리코 단돌로가 제7차 십자군 원정에서 점령한 콘스탄티노플에서 베일을 쓴 무슬림 여인들을 데려오면서 가면이 유래되었지요.

가면 축제가 시작된 유래는 훨씬 흥미진진해요. 먼 옛날 베네치아에 외적들이 쳐들어와 신부들을 납치해 가자, 베네치아의 남자들이 가면을 쓰고 여자처럼 변장을 해서 신부들을 구해 왔다고 해요. 이것을 기념하기 위해 베네치아에서 매년 가면 축제를 열었답니다.

이렇게 보니 이탈리아의 베네치아 축제가 프랑스의 니스 축제와 닮은꼴이죠? 사촌지간처럼 말이에요. 사실 프랑스의 니스 축제는 원래 단순한 야외 거리 공연 형태였는데, 가면을 상징으로 내세우는 이탈리아의 베네치아 축제를 보고 대형 인형 퍼레이드 형태로 발전하게 되었다고 해요.

여기서 한 가지 짚고 넘어갈 게 있어요. 축제 자체가 종교적인 의식에서 시작된 것이라서, 종교성이 짙게 배어 있을 거라고 여기기 쉬워요. 하지만 꼭 그렇지는 않아요. 왜냐하면 축제는 종교적인 의식에 기반을 두고 있기는 하지만, 현재에 와서는 각국의 전통을 살린 다양한 문화 예술 축제로 발전하다 보니 종교와는 상관없이 누구나 즐기는 행사가 되었으니까요.

종교적인 의식에서 발전한 축제나 각 나라의 전통이나 문화적 행사에서 발전한 축제나 이제는 국민 모두가, 심지어는 전 세계인이 함께 참여하고 즐기는 지구촌 축제가 되었어요. 축제는 전 세계인이 더 자유롭게 만나고 열린 마음으로 교류할 수 있는 커다란 장이라고 할 수 있어요.

베니스에서 곤돌라 타기

" 곤돌라는 폭이 좁고 앞뒤 모서리가 화려하게 조각된 배 이름이에요. 베네치아는 골목골목이 좁은 운하로 되어 있기 때문에 폭이 좁은 곤돌라를 타고 요리조리 다녀요. 베네치아에서만 볼 수 있는 이 곤돌라는 베네치아를 상징하는 명물이라고 할 수 있어요. 곤돌라를 운전하는 뱃사공들도 자부심이 대단해요. 곤돌라를 운전하려면 면허도 있어야 해요. 베네치아 산타루치아 역에서 산마르코 광장 방향으로 걷다 보면 운하 곳곳에서 줄무늬 티셔츠를 입은 뱃사공들이 손님을 부르는 것을 볼 수 있어요. 참, 뱃삯은 뱃사공 마음대로라고 해요. 매년 9월 첫째 주 일요일에는 곤돌라 경주도 있답니다. "

chapter 3

기상천외한 세계의 축제

무시무시한 귀신 축제

멕시코 죽은 자의 날 축제

멕시코에서도 우리나라처럼 죽은 사람을 위해 제사를 지내요. 1년에 한 번씩 죽은 영혼들이 친하게 지내던 가족이나 친구들을 찾아온다고 믿기 때문이지요. 우리는 제삿날 돌아가신 분을 생각하며 경건하게 보내지만 멕시코에서는 죽은 사람들이 찾아온다는 이날을 흥겨운 축제로 즐겨요. 우리나라와는 정반대죠?

중남미에 위치한 멕시코에서는 매년 11월 1일이 되면 해골을 쓴 사람들이 밤새 거리를 헤매고 다녀요. 아무 정보 없이 여행을 갔다가

한밤중에 유령이나 좀비들을 만난 줄 알고 화들짝 놀랄지도 몰라요. 상상해 보세요. 정말 으스스할 것 같지요?

난데없이 웬 귀신 놀이냐고요? 귀신 놀이가 아니라 축제를 여는 거예요. 이날은 '죽은 자의 날'이라는 멕시코의 전통 축제날이에요.

죽은 자의 날 축제는 매년 11월 1일부터 2일까지 딱 이틀 동안만 열려요. 이 중 하루는 성인들을 기리는 날이고, 두 번째 날은 진짜 죽은 자들을 기리는 날이에요.

축제날이 되면 멕시코 사람들은 동네에 있는 공동묘지나 교외에 있는 친지들의 무덤을 찾아가서 준비해 간 다양한 장식물로 제단을 화

죽은 자의 날을 기념하는 해골 장식품

려하게 꾸며요.

　제단을 장식하는 일에는 죽은 친지들을 그리워한다는 깊은 뜻이 담겨 있지만, 요즘은 누가 제단을 더 멋지게 꾸미는지 경쟁이 붙어서 각양각색의 아이디어로 꾸민 제단들이 많답니다.

　얼핏 보면 서양의 핼러윈 축제와 비슷해 보이지만 핼러윈 축제는 죽음의 신을 기리는 축제이고, 죽은 자의 날 축제는 죽은 영혼들을 달래기 위한 축제예요. 그런데 죽은 친구나 가족을 기리는 일이 어떻게 즐거운 축제로까지 연결되었을까요? 그 배경을 알려면 멕시코의 역사를 한참 거슬러 올라가야 해요.

　1520년, 스페인이 침략하기 직전까지 멕시코 고원에는 아스테카 왕국의 인디오 문명이 발달해 있었어요. 아스테카 시대의 사람들은 사람이 죽으면 '들라로칸'이라는 죽은 이들의 세상으로 간다고 믿었어요. 그런데 죽은 사람들이 들라로칸에 이르러 영원한 평화를 얻기 위해서

는 4년간 고난의 여행을 해야 한다고 믿었어요. 죽은 이들이 4년간의 고행을 잘 극복해야만 비로소 들라로칸에서 편안한 안식을 취할 수 있다고 믿은 것이죠.

죽은 이들은 4년간의 긴 여행 동안 1년에 딱 한 번씩 이 세상에 있는 가족과 친구들을 만나러 올 수 있는데, 그날이 바로 11월 1일이라고 해요. 그래서 이날 살아 있는 가족이나 친구들이 죽은 이들의 제단을 아름답게 꾸미고 그들의 여행과 안식을 위해 기도하던 것이 세월이 지나는 동안 축제로까지 발전하였지요.

죽은 자의 날이 되면 멕시코 사람들은 온갖 해골과 좀비

기상천외한 세계의 축제 **103**

분장을 하고 거리를 돌아다녀요. 아빠는 좀비, 엄마는 드라큘라, 아이들은 해골……. 이런 식으로 온 가족이 총동원되지요. 이렇게 떠들썩하게 죽은 자의 날을 맞다 보면 어느새 슬픔은 사라지고 유쾌한 웃음과

꽃과 촛불 등으로 장식된 제단

위안이 찾아오는 거예요.

    죽은 자의 날에는 제단을 화려하게 꾸밀 뿐만 아니라 제단 위에 음식도 놓아 두는데, 이때 제단에 바치는 음식은 따뜻하고 맛있는 것이어야 해요. 죽은 영혼이 모처럼 자신의 무덤을 찾아 왔는데 제단의 음식이 차갑게 식고 맛도 없으면 다른 영혼이 이미 먹어 버린 것이라고 여겨서 화를 낸다지 뭐예요.

하얀색 초콜릿으로 모양을 낸 해골 과자

    죽은 자의 날 축제는 멕시코의 전역에서 열리지만 그중에서도 멕시코의 남부 오악사카라는 도시에서 벌어지는 축제가 특히 멋지고 재미있어요. 축제 기간에 오악사카를 찾아가면 화려하게 장식된 해골들을 곳곳에서 볼 수 있어요.

    어둠이 내리면 오악사카의 공동묘지는 온통 축제 분위기에 휩싸여요. 유령, 해골, 뱀파이어, 마녀 분장을 한 사람들과 해골 모양 밀랍 인형들을 파는 장사꾼들로 거리가 가득 차고, 사방에서 폭죽이 터져요. 특히 초콜릿과 설탕을 녹여 만든 '칼라베라'라는 과자가 인기가 많은데, 이것도 해골 모양으로 만든 것이죠. 하얀 해골이 머리에 핑크 리

본을 묶고 귀걸이도 하고 있어요. 무척 귀여운 해골이랍니다.

우리 친구들이 만약 멕시코 죽은 자의 날 축제에 참가한다면 어떤 복장을 하면 좋을까요? 우리나라 처녀 귀신 복장을 해서 멕시코 사람들을 기겁하게 만들어 볼까요? 어쩌면 해골들이 즐비한 멕시코의 축제에서 처녀 귀신 분장으로 한류 바람을 일으킬지도 몰라요!

 마녀의 밤 축제

" 멕시코에는 귀신 축제가 참 많아요. 죽은 자의 날 축제 이외에 마녀의 밤 축제도 있어요. 죽은 자의 날 축제는 그야말로 죽은 영혼들을 그리워하는 민족적 축제라면 마녀의 밤 축제는 귀신을 부르는 주술사들의 축제라고 할 수 있어요. 마녀의 밤 축제는 멕시코 남부의 카테마코라는 작은 마을에서 열리는데, 카테마코는 오악사카와도 가까워요. 만약 마녀들이나 마법사에게 고향이 있다면 이곳 카테마코 마을일지도 몰라요. 마녀의 밤 축제가 열리면 멕시코 전역의 주술사들이 이곳에 전부 모여 다양한 퍼포먼스를 펼친답니다. "

세계 좀비 축제

드라큘라, 프랑켄슈타인, 강시, 저승사자, 처녀 귀신, 구미호 등 세계 곳곳에 유명한 귀신들이 있어요. 이 중 뭐니 뭐니 해도 가장 무서운 건 새까만 긴 머리에 소복을 입은 우리나라의 처녀 귀신이 아닐까요?

세계적으로 유명한 귀신 중에서 가장 사랑받는 귀신은 '좀비'예요. 좀비는 '부활한 시체'를 뜻하는데, 아이티를 비롯한 여러 나라의 부두교라는 종교에서 유래한 말이에요. 부두교는 서인도 제도의 아이티와 흑인들 사이에 널리 퍼져 있는 악마 숭배, 주물 숭배 등 초자연적 민간 신앙이에요.

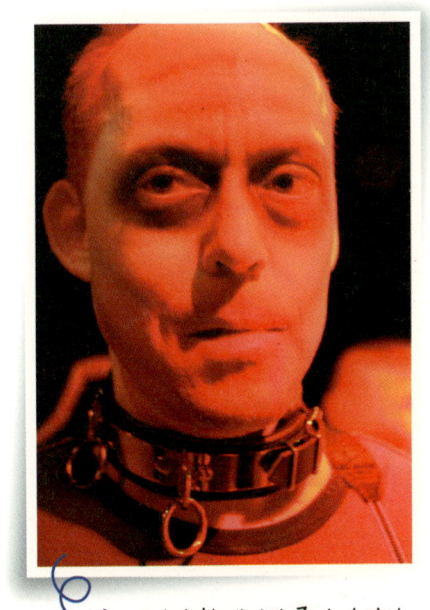
으스스한 대머리 좀비 아저씨

부두교에 따르면 좀비는 부두교의 사제 '보커'가 인간에게서 영혼을 뽑아 낸 존재라고 해요. 보커에게 영혼을 붙잡힌 사람은 좀비가 되어 보커의 명령에 무조건 복종해야 한답니다. 보커는 좀비들을 일꾼으로 쓰기도 하고 팔아 버리기도

좀비 축제에 등장한 메두사

해요. 가끔씩 좀비가 정신을 차리는 경우도 있는데, 부두교에서는 착한 신이 영혼을 되돌려 주었다고 믿지요.

　좀비는 수많은 공포 영화의 소재로 쓰여 귀신계의 슈퍼스타가 되었어요. 몇 해 전부터는 세계적으로 좀비를 주제로 한 축제들도 많아졌어요. 축제가 열리면 다양한 스타일의 온갖 개성 넘치는 좀비들이 한꺼번에 거리로 쏟아져 나와 기괴한 소리를 내며 '말짱한' 사람들을 쫓아다녀요. 좀비 떼를 만난 사람들은 괴성을 지르고 도망을 다니느라 바쁘고요.

　우리 친구들은 좀비를 만나도 절대 무서워하지 않을 자신이 있다고요? 강심장을 가진 친구들은 더 큰 소리로 좀비들을 겁먹게 할 수도 있을 거예요. 목청도 어마어마하게 커야겠지요. 하지만 대부분의 친구

들은 놀라서 일단 도망치거나 그 자리에 주저앉아 울지도 몰라요. 생각해 보세요. 수십 명의 좀비들이 갑자기 우르르 쫓아오는데 어느 누가 놀라지 않겠어요?

세계 곳곳에는 드라큘라나 귀신, 좀비를 소재로 한 이색 축제들이 있어요. 하지만 최근의 좀비 축제처럼 화려하거나 재미있거나 의미가 깊지는 않았어요.

'세계 좀비 축제'는 좀비를 소재로 하되, 인류의 다양성을 인정하고, 인권 보호의 중요성을 모두에게 알리기 위해 각국의 젊은이들이 참여해 열게 된 축제예요.

2008년부터는 한 민간 단체의 적극적인 도움으로 한층 체계적으로 열리게 되었지요. 또한 인터넷 등을 통해 전 세계의 젊은이들이 서

로 의견을 나누고 자발적으로 참여하고 있답니다.

좀비 축제에 참여하는 좀비들을 보면 기부금을 받는 깡통이나 주머니를 달고 다니는 경우가 많아요. 세계 인권을 위해 기부금을 받기 위해서지요. 재미있는 축제도 즐기고, 인권을 위해 좋은 일도 하고, 정말 의미 있는 축제이지요?

전 세계에서 열린다고는 하지만 좀비 축제가 열리는 날짜가 모두 똑같지는 않아요. 각 나라별로 일정에 따라 1년에 한 번씩 날짜를 정한답니다. 축제를 펼치는 장소도 일정하지 않아요. 언제, 어디서 좀비들이 나타나 우르르 쫓아올지 모르니 우리 친구들도 항상 뒤를 조심해야 할 거예요.

공식적으로 좀비 축제가 처음 열린 곳은 캐나다의 토론토였는데, 요즘은 아일랜드 더블린의 좀비 축제와 미국의 좀비 레이스도 유명해요. 아일랜드 좀비 축제는 피로 범벅을 한 가족 좀비나 커플 좀비가 많아서 더 흥겨운 분위기예요.

미국에서는 좀비 축제가 큰 인기라서, 10개 주에 이르는 지역에서 다양한 축제가 펼쳐지고 있어요. 이 중 좀비 레이스는 철인 3종 경기처럼 다양한 장애물을 만들어서 좀비들이 달리기 대회를 하는 거예요. 예를 들어 진흙탕 건너기, 자전거 들고 뛰기, 수박 반통 다 먹기 등의 순서로 레이스를 펼치지요.

이미 피범벅이 된 좀비들이 수박을 먹으며 피처럼 붉은 수박 물을 뚝뚝 흘리거나 진흙탕에 빠져서 진흙 범벅으로 걸어 나오는 모습을 보면 도저히 웃지 않고 못 배겨요.

심지어는 어린 아기도 좀비 분장을 하고, 우유 대신 토마토 주스가 담긴 젖병을 들고 있어요. 붉은 피를 마시는 아기라니, 생각만 해도 으스스해요. 어때요? 미국의 좀비 사랑, 참 대단하죠?

세계 좀비 축제

5월 초 체코 프라하 좀비 축제, 미국 보스턴 좀비 축제
6월 초 멕시코 몬테레이 좀비 축제
7월 초 미국 시애틀 좀비 축제
8월 초 아일랜드 더블린 좀비 축제
10월 말 오스트레일리아 브리즈번 좀비 축제
11월 말 캐나다 토론토 좀비 축제

싱가포르 걸신 축제

매년 8월이 되면 싱가포르 시내는 음식을 기름에 튀기고 볶느라 연기가 자욱해요. '어디 잔치라도 열렸나?' 하고 둘러볼 정도이지요. 온 도시가 맛있는 냄새로 가득 차고 흥분의 도가니에 빠져요. 싱가포르 최

대의 축제인 걸신 축제가 열리기 때문이지요. 그냥 유령도 아니고 배가 고픈 걸신을 위한 축제라니, 참 독특하지 않나요?

걸신 축제는 1년에 한 번 매년 8월 중순부터 한 달 동안 계속돼요. 음식을 가장 성대하게 차리는 날은 축제의 첫날과 마지막 날이에요. 이 날은 아무 집이나 들어가도 쉽게 밥을 얻어먹을 수 있을 만큼 모두가 인심이 후해지는 날이지요.

싱가포르 걸신 축제는 중국에서 전해 내려오는 오래된 이야기에서 유래했어요.

부처님의 제자 중에 효성이 극진한 목련존자라는 사람이 있었는

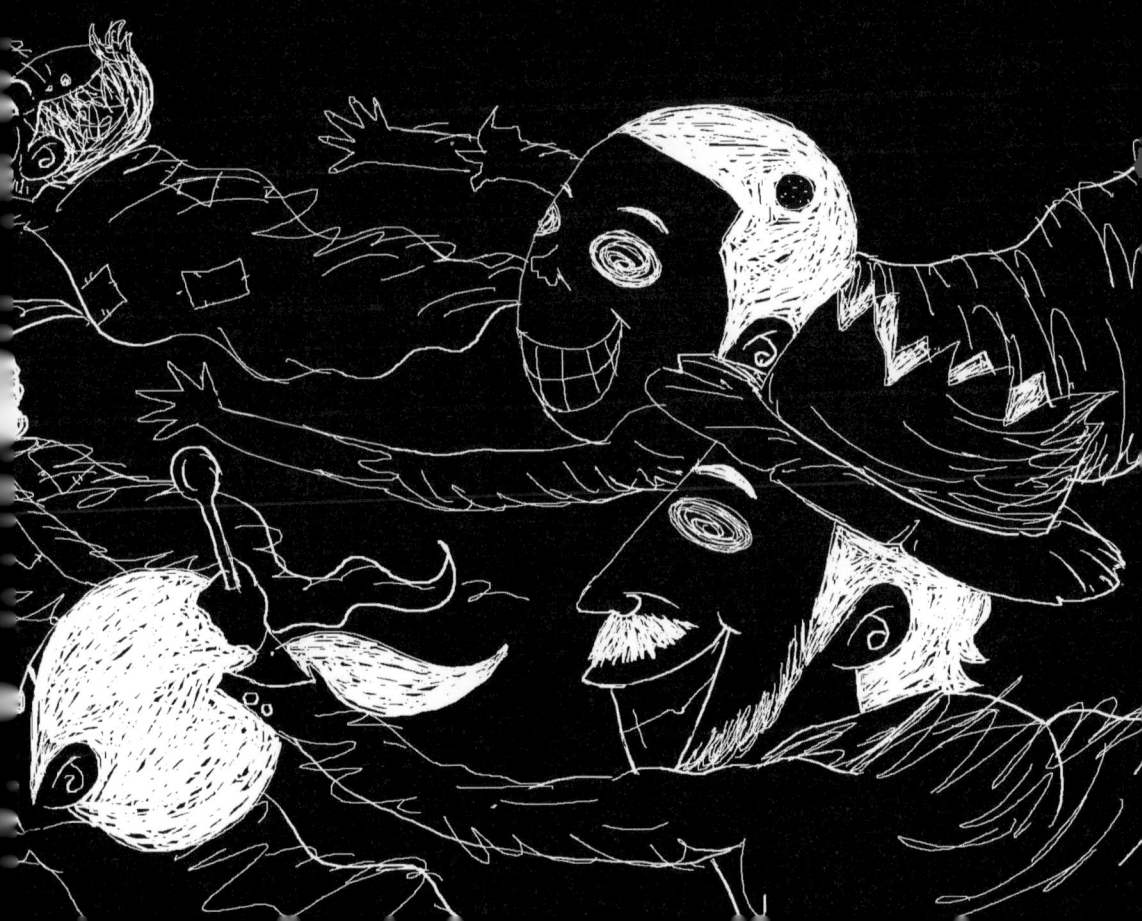

데, 목련존자의 어머니는 나쁜 일을 많이 해서 걸신이 되어 지옥에 떨어졌답니다. 하지만 목련존자의 효성에 크게 감동한 부처님이 어머니를 구제할 수 있는 방법을 알려 주었어요. 7월 15일에 버들잎과 잣나무 가지를 놓고 목련존자가 정성껏 공양을 올리면 어머니를 구제할 수 있다고 한 것이지요.

이것이 걸신들을 달래는 불교의 제사가 되었고, 오랜 풍습으로 전해 내려오게 되었어요. 즉, 이날은 걸신들이 푸짐하게 먹고 갈 수 있도록 많은 음식을 준비하고 재미있는 공연을 열어서 귀신들을 달랜답니

짐승을 본떠 만든 종이 인형을 태우는 모습

종이로 만든 돈을 태우는 싱가포르 아주머니

다. 이맘때가 되면 배고프고 가난한 이웃을 돕는 사람들도 많아요. 중국은 물론이고 싱가포르, 홍콩, 태국까지 중국계 이민자가 많이 몰려 사는 곳이라면 이 풍습이 끊이지 않고 전해 내려왔어요.

중국인들은 배고파서 돌아다니는 귀신들, 특히 가족들로부터 버림받은 귀신들이 배가 고파 헤매다 보면 인간들에게 짓궂은 장난을 많이 치기 때문에 음식을 준비하고 향을 피워서 귀신을 달래야 한다고 믿었어요. 그래서 축제 첫날에 맛있는 음식을 준비해서 귀신에게도 올리고 일가친척이 다 함께 모여 맛있게 나눠 먹기도 하지요.

귀신을 위로하기 위해서 재미있는 경극을 공연하기도 해요. 경극은 중국식 오페라 공연이에요. 보통 하루 두 차례 경극이나 음악회를 공연하는데, 최근에는 축제 기간이 길어서 하루에 한 번씩만 공연을 하기도 한답니다. 또 종이로 정성껏 만든 자동차나 집, 또는 돈을 불에 태워서 귀신에게 보내기도 해요.

특이하게도 축제 기간에는 음식 접대에 만족하지 못한 귀신들이 장난을 칠 수 있다고 믿기 때문에 결혼식을 올리지 않는다고 해요. 또 새로운 사업을 시작하지도 않고 물가에도 가지 않지요.

싱가포르의 걸신 축제가 유명해진 것은 노숙자들이나 가난한 사람들을 위해 쌀이나 음식을 기부하는 기업들이 많아 큰 화제가 되었기 때문이에요.

이렇듯 축제는 오랜 옛날의 교훈이나 이야기들을 후세에 전하는 역할도 해요. 거기다 사람들로 하여금 단합하여 좋은 일을 하도록 이끌기도 하지요. 이런 걸 보면 축제 자체가 더불어 살아가는 데 매우 중요한 공동체 의식을 고취시킨다고 할 수 있어요.

 걸신 축제 공연장의 맨 앞자리는 왜 비워 둘까요?

" 축제가 열리는 한 달 동안은 걸신들이 즐겁게 놀다 가라고 많은 음식과 재미있는 공연을 준비해요. 그런데 이상하게도 축제 기간에 경극이나 음악회에 가면 맨 앞자리가 비어 있는 것을 볼 수 있어요. 왜일까요? 그건 맨 앞자리가 걸신들의 자리이기 때문이에요. 걸신들을 위한 공연이니 제일 좋은 자리에서 재미있게 즐기라고 모든 공연장의 맨 앞좌석은 비워 놓는 거랍니다. 뜻은 좋은데, 걸신들과 함께 나란히 앉아서 공연을 본다니 어째 으스스하지 않나요? "

눈이 휘둥그레지는 이색 달리기 축제

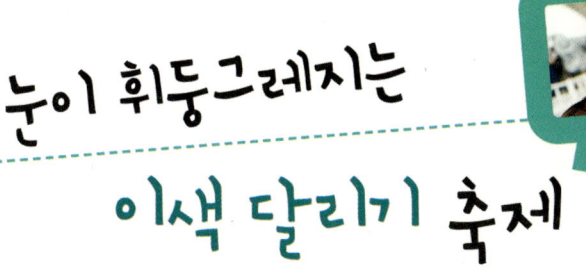

포르투갈 이색 자동차 경주

포르투갈의 9월은 온갖 상상력과 폭소와 환호가 넘치는 계절이라고 할 수 있어요. 바로 '이색 자동차 경주'라는 괴상한 축제가 열리기 때문이지요.

이색 자동차 경주는 매년 9월에 포르투갈의 수도 리스본의 외곽에서 딱 하루 동안만 펼쳐져요. 축제장까지 가는 길도 전혀 지루하지 않아요. 대서양을 마주보는 아름다운 해변과 그림 같은 전원주택들을 구경하며 갈 수 있거든요.

이색 자동차 경주는 정기적으로 개최된 지 15년이나 된 축제예요. 맨 처음에는 그저 재미있는 자동차 놀이를 하는 사람들 몇몇이 모여서 즐기는 수준이었어요. 하지만 시간이 지날수록 볼거리가 늘어나고, 기발하고 참신한 자동차들의 등장으로 인해 사람들의 관심이 폭발적으로 늘어났지요.

지금은 이색 자동차 경주에 참여하기 위해 매년 50여 팀이 각국에서 모여들기 때문에 9월만 되면 리스본이 떠들썩해진답니다.

최근 들어서는 포르투갈의 이색 자동차 경주가 재미있다는 이야기가 전 세계에 퍼지면서 인기가 한층 높아졌어요.

축제가 열리면 기발한 아이디어로 만든 자동차들이 모습을 드러내고 출발선으로 모여들어요.

얼마 전 축제에서는 큰 헬멧 모양의 우스꽝스러운 자동차가 등장했는데, 이 자동차의 인기가 가장 높았어요. 처음 보는 희한한 자동차를 보고 관람객들이 일제히 탄성을 질렀지요.

개구리 모양 자동차, 권투 글러브 모양의 자동차도 등장했어요. 또 개구쟁이 스머프들이 사는 버섯 집 모양의 자동차도 참가했어요. 집이라고 해야 할지 차라고 해야 할지 좀 헷갈렸지만 말이에요.

오래전에 전 세계적으로 인기를 끈 영화 『고스트 버스터즈』에 등장하는 유령 체포용 특수 자동차를 똑같이 만들어 참가한 팀도 있었어요. 공상 과학 영화나 만화에 나오는 자동차를 직접 만들기 위해 얼마나 힘들게 연구를 했을지 생각해 보세요. 워낙 인기 있던 영화라 그런지 큰 환호를 받았지요.

리스본 사람들도 평소에는 볼 수 없는 신기하고 우스꽝스런 자동차들이 경주를 하는 모습을 보기 위해 다 한자리에 모여요. 흔하게 볼 수 있는 볼거리는 아니니까요. 하지만 가장 궁금하고 관심이 있는 건 이런저런 모양의 우스꽝스러운 자동차들이 정말로 사람을 태우고 움직일 수 있는가 하는 거예요.

포르투갈 이색 자동차 경주에는 기본적인 참가 규칙이 있어요. 가장 중요한 것은 참가자가 직접 만든 자동차여야 한다는 거예요. 예를 들면 현대나 기아 같은 자동차 회사에서 판매하는 일반적인 자동차를 타고는 참가할 수 없어요. 쇠파이프와 나사 등 각종 부품들을 이용해 직접 조립하고 온갖 아이디어로 꾸민, 지구상에서 딱 한 대뿐인 자동차여야만 참가할 수 있지요.

또 한 가지 중요한 참가 조건이 있어요. 오로지 사람의 힘으로만 움직여야 해요. 전기나 석유, 엔진, 기계의 힘을 빌려 움직이는 자동차는 참가할 수 없어요. 오로지 차 안에 타고 있는 선수들의 힘으로만 움직여야 하지요.

다시 말하면 권투 글러브 자동차나 개구리 모양 자동차, 헬멧 모양 자동차 안에 들어가 있는 선수들이 땀을 뻘뻘 흘리며 발을 굴러야 하는 것이랍니다. 그 모습이 얼마나 우스꽝스러운지 관람객들에게는 그것도 흥미로운 볼거리이지요.

경기가 시작되기 전에는 축제의 재미를 위해서 참가자들의 몸 풀기용 댄스 파티가 열려요. 음악이 시작되면 누구나 신나게 춤을 춰야 해요. 부끄럼을 타면 어떻게 하냐고요? 글쎄요, 너도나도 춤을 추는데, 거기서 춤을 안 추고 가만히 있는 게 더 부끄러운 게 아닐까요? 각 나라에서 온 괴짜들의 춤을 보는 것도 큰 재미랍니다.

우리 친구들도 자동차를 좋아한다면 빛나는 아이디어를 살려 이 세상에 단 하나뿐인 자동차를 만들어 보세요. 어때요, 다음 이색 자동차 경주에 함께 참가해 보지 않을래요?

이색 자동차 경주의 심사 기준

" 첫째, 기발한 상상력, 둘째, 창의력, 셋째, 달리기 순위.
이색 자동차 경주는 이색 달리기 대회이긴 하지만 빨리 달리는 것이 중요하지 않아요. 얼마나 특이한 자동차를 만드느냐가 더 중요한 기준이지요. 다시 말해서 세상에 단 하나뿐인 이색 자동차를 만드는 상상력과 창의력이 중요해요. 이것이 관람객들에게 가장 큰 기쁨을 주기 때문이지요. "

핀란드 아내 업고 달리기 축제

　세계 각국에는 특이한 축제들이 많지만 핀란드의 '아내 업고 달리기 축제'처럼 희한한 축제가 또 있을까요? 아내를 업고 달리는 축제라니 정말 웃기죠? 말 그대로 무거운 아내를 업고 제일 빨리 달리는 1등 남편을 뽑는 축제예요.
　핀란드에는 이보다 별난 경기들이 많아요. 휴대폰 멀리 던지기, 테이블 두드리기, 나무 핀 던지기, 웃통 벗고 달리기, 사우나 오래 버티기 등등. 핀란드 인들은 뭐든 익살스러워 보이기만 하면 게임이나 경기로 만들어 다 함께 축제처럼 즐긴답니다.

결혼할 여자를 납치해 업고 다니는 그림

'아내 업고 달리기 축제'는 1992년 핀란드의 중부에 있는 손카야르비라는 작은 마을에서 처음 시작되었어요. 옛날 핀란드의 지방 도시에는 이웃 마을의 여인들을 약탈하는 나쁜 풍습이 있었어요. 손카야르비에 살던 헤르코 론카이넨이라는 젊은이도 평소 마음에 두었던 소녀를 납치해 와 자랑하듯 어깨에 메고 다녔대요. 아내 업고 달리기 축제는 여기에서 유래되었다고 해요.

사람을 납치하는 건 나쁜 짓인데 시간이 흐르면서 이것이 재미있는 이야기로 변형되고, 오늘날에는 세계에서 손꼽히는 이색 축제의 유래가 된 것이지요. 유래야 어찌 됐든 아내를 업고 달리기를 하다니, 발상만큼은 참 재미있죠?

아내 업고 달리기 축제에는 참가 자격이 정해져 있어요. 당연히 결혼한 부부끼리만 출전할 수 있고요, 어깨 위로 아내를 메듯이 업어야 하고, 아내는 17세 이상, 몸무게가 49킬로그램 이상이어야만 참가할 수 있어요. 만약 아내의 몸무게가 49킬로그램이 안 된다면 부족한 만큼 모래자루를 더 들고 뛰어야 한답니다.

남편들은 1분 동안 총 253.5미터를 달리는데, 중간중간에 장애물들도 있어요. 아내를 어깨에 멘 채로 1미터나 되는 깊은 수영장을 건너야 하고, 진흙탕을 건너고, 자갈밭과 모래밭도 달려요. 허들을 넘어야 하는 구간도 있어요. 허들 장애물 구간에서는 넘어지거나 포기하는 부부가 많아요.

한편 아내는 헬멧을 반드시 써야 해요. 남편이 너무 힘들어서 다리가 휘청휘청하면 등에 거꾸로 매달린 아내의 머리가 땅에 쿵쿵 찧을 수도 있고, 앞으로나 뒤로 발라당 넘어지면 다칠 수 있으니까요.

참가자들이 아내를 업는 방법은 제각각 달라요. 핀란드 부부들은 아기를 등에 업는 듯한 어부바 자세가 가장 많아요. 또 이웃 나라 에스토니아에서 온 부부들은 목말을 타는 자세인데, 아내가 짐짝처럼 거꾸로 매달려 있지요. 힘이 좋은 독일 남편들은 사냥한 멧돼지를 어깨에 메듯이 아내를 어깨에 둘러메요.

보기에는 다소 우스꽝스러운 축제 같지만 축제를 주최하는 관계자

위태위태하게 아내를 들쳐 멘 모습

들은 나름 축제에 대한 자부심이 크답니다. 아내를 업고 달리는 경주를 통해서 부부 사이가 좋아지고, 몸도 건강해지고, 아이들의 열띤 응원도 받으니까요. 한마디로 온 가족이 행복해지는 비결이지요.

하지만 축제에 참가하면서 부부싸움을 하는 부부도 많아요. 날씬한 다른 집 아내들에 비해 자기 아내의 몸무게가 많이 나오면 남편은 무겁다고 투덜대고, 아내는 남편에게 약골이라고 잔소리를 하다 부부싸움이 되는 거예요. 축제 때문에 사이가 더 좋아지거나 나빠지거나 둘 중 하나랍니다.

몇 해 전에는 미국의 프로 농구 스타인 데니스 로드맨이 축제에 참가하고 싶다고 신청을 했어요. 결혼을 하지 않아 참가 자격도 없는데 말이에요.

축제 관계자들은 고민 끝에 로드맨에게 특별한 조건을 한 가지 걸었어요. 아내를 빌려 오라고요. 하지만 로드맨은 결국 아내 업고 달리기 축제에 참가를 하지 못했어요. 바람기가 많은 로드맨에게 아무도 아내를 빌려 주지 않았거든요.

아내 업고 달리기의 1등 상품은?

" 아내 업고 달리기의 1등 상품은 아내 몸무게만큼의 시원한 맥주예요. 축제가 시작되기 전에 남편은 참가 신청을 하고, 아내는 사람들이 보는 데서 공개적으로 몸무게를 재요. 그리고 1등을 하면 아내의 몸무게만큼 맥주를 상품으로 준답니다. 부인이 뚱뚱할수록 상품이 푸짐하겠지요? "

캐나다 스탬피드 카우보이 축제

세계에서 가장 용감한 카우보이는 어디에 가면 볼 수 있을까요? 미국에도 카우보이 축제가 곳곳에서 열리지만 캐나다의 캘거리에서 열리는 카우보이 축제만큼 멋지고 화려한 축제는 없을 거예요.

카우보이들은 챙이 넓은 갈색 모자를 쓰고 거친 야생마 위에서 로데오 경주를 해요. 캐나다 스탬피드 카우보이 축제에는 1,000명이 넘는 카우보이들이 참가해요. 관람객들은 엄청 많아 수를 셀 수도 없어요. 게다가 야생마가 끄는 마차를 타고 달리는 역마차 경기는 서부 영화에 나오는 장면을 실제로 보는 듯해요. 정말로 박진감 넘치는 장면이랍니다.

스탬피드 카우보이 축제는 매년 7월 초 캐나다에서 열흘 동안 열리는 세계 최대의 카우보이 축제예요. 말 그대로 전 세계의 멋진 카우보이들이 다 모이는 축제이지요.

카우보이 축제는 1912년 소나 말을 키우던 이곳의 목축업자들이

황소로 변장한 카우보이

만들었다고 해요. 목축업자들은 드넓은 초원에 소나 말을 풀어 키우다가 저녁이 되면 우리로 몰아넣어야 했어요. 이때 길이 들지 않은 소나 말과는 힘겨루기를 할 수밖에 없어요. 올가미를 던져 잡기도 하고, 날뛰거나 도망가는 소나 말들은 영화에서처럼 훌쩍 올라타서 진정시켜야 했지요.

말에서 떨어지지 않으려고
버티는 카우보이

금발머리를 휘날리는 멋진 카우걸

　여기에서 '로데오' 경기가 시작되었어요. 로데오는 '둘러싸다'라는 의미를 가진 스페인 어에서 유래되었다고 해요. 스페인 카우보이들이 소나 말을 다루는 기술을 경쟁하기 위해 시합을 벌이던 것이 북아메리카로 전파되면서 인기 스포츠로 자리 잡게 된 것이랍니다.

　카우보이 축제는 매년 정기적으로 열리는데, 축제에서 1등으로 선발되면 '최고의 카우보이'라는 명예 메달도 받을 수 있지요.

　스탬피드 카우보이 축제가 열리는 곳은 캘거리의 동남쪽에 위치한 '스탬피드'라는 넓은 공원이에요. 스탬피드는 '소의 폭주'라는 뜻을 가지고 있는데, 이 고장 사람들의 카우보이에 대한 자부심도 엄청나요. 그래서 매년 축제 기간만 되면 너나 할 것 없이 축제에 참가하려고 북새통을 이룬답니다.

그 덕분에 스탬피드 카우보이 축제는 이미 캐나다 캘거리를 상징하는 대표적인 축제로 자리 잡았어요. 워낙 인기 있는 축제라서 숙소를 못 구하고 길거리에서 노숙하는 여행자들도 흔하게 볼 수 있지요.

미래의 보안관과 카우보이

스탬피드 카우보이 축제의 꽃이라 할 수 있는 로데오 경기에는 우리 돈으로 4억 원에 달하는 상금까지 걸려 있어서 경쟁이 치열해요. 말에서 떨어져 크게 부상을 당하는 사람들도 많기 때문에 상금이 많은지도 몰라요. 위험한 경기이긴 하지만 힘차게 날뛰는 소를 제압하는 카우보이는 아이들에게도 멋있어 보이나 봐요. 이다음에 크면 멋진 카우보이가 되겠다는 캐나다의 어린이 카우보이들도 많으니까요. 축제 기간에는 빨간 스카프에 작은 카우보이 모자를 쓴 꼬마 카우보이들도 흔하게 볼 수 있어요.

　　스탬피드 카우보이 축제에서는 로데오 경기 외에도 다양하고 흥미로운 종목들이 열흘 내내 펼쳐져요. 야생마 올라타기, 황소 올라타기, 올가미로 송아지 포획하기, 로데오 오래 버티기, 야생 젖소의 젖 짜기, 돼지 달리기 같은 경기들이지요. 이 중 최고 인기 종목인 야생마 올라타기나 황소 올라타기는 굉장히 위험하기 때문에 튼튼한 체력과 진짜 용기를 가진 사람만이 참가하는 종목이라 할 수 있어요.

　　축제의 마지막은 '척 웨건'이라고 부르는 역마차 경주가 화려하게 장식하고 있어요. 역마차 경주는 짐을 실은 마차를 네 마리의 말들이 끌면서 달리는 경주인데, 마부와 말들의 호흡이 무척 중요하답니다. 대여섯 팀의 역마차들이 땅을 울리며 일제히 몰려올 때는 수백 마리의 말 떼가 덮치는 것 같아 슬쩍 겁도 날 거예요. 하지만 로데오 경기 못지않게 열띤 응원과 사랑을 받는 경기예요.

 인디언 부족이 거리 한복판에!

" 넓은 평야에 자리 잡은 도시 캘거리에는 인디언들이 과거에 많이 살았어요. 지금도 그 후손들이 캘거리 인근에 모여 살고 있지요. 스탬피드 축제의 첫날에는 카우보이들과 인디언 부족의 거리 행진이 펼쳐져요. 아메리카 인디언들을 직접 만날 수 있는 기회라고 할 수 있지요. 캘거리 인근에는 인디언 마을도 잘 보존되어 있어서 축제가 끝난 뒤 직접 방문해 볼 수 있어요. "

러시아 하이힐 신고 달리기 축제

이색적인 축제가 많기로 소문난 러시아에서는 매년 7월 여성들이 가장 좋아할 만한 달리기 대회가 열려요. 바로 '하이힐 신고 달리기 축제'이지요. '하이힐'은 여자들이 신는 굽이 높은 구두를 말해요. 편한 운동화를 신고도 100미터 달리기를 하면 숨을 헐떡이는데, 멋쟁이 여자들만 신는다는 높은 뾰족구두를 신고 100미터 달리기를 하다니 얼마나 힘들까요?

러시아의 수도 모스크바에서 7시간 정도 기차를 타고 북서쪽으로 가면 상트페테르부르크라는 도시가 나와요. 상트페테르부르크는 1918년까지 러시아의 옛 수도였던 고풍스런 도시예요. 원래는 러시아의 문학과 예술, 철학 등으로 유명한데, 시간이 흐르면서 점점 상상력이 넘치는 흥미로운 도시로 변모하고 있답니다. 이곳 상트페테르부르크에서 매년 7월 중순에 '하이힐 신고 달리기 축제'가 열려요.

하이힐 신고 달리기 축제에 참가하려면 구두의 뒷굽 높이가 최소한 9센티미터가 넘어야 해요. 잠시 책을 내려놓고 자를 꺼내 9센티미터가 어느 정도인지 재어 보세요. 그만큼 까치발도 들어 보세요. 얼마나 굽이 높은지 실감이 날 테니까요. 그렇게 높은 하이힐을 신고 운동회처럼 달리기 대회를 하는 거예요.

하이힐을 신은 수십 명의 여자들이 100미터 결승 지점까지 달리는

모습을 상상해 보세요. 운동화를 신은 것처럼 잘 달리는 사람도 있고, 난생처음 하이힐을 신은 것처럼 뒤뚱거리는 사람도 있어요. 초반에는 잘 달리다가도 숨을 헐떡이며 포기하는 사람도 있고, 철퍼덕 넘어지는 사람도 있어요.

   얼굴을 찡그리는 사람은 찾아보기 힘들어요. 넘어지는 사람도 구경하는 사람도, 신나게 달리는 사람도 시종일관 얼굴에서 웃음이 떠나지 않는답니다. 그래도 높은 하이힐을 신고 빨리 달리다가 넘어져서 다리라도 접질릴까 봐 걱정은 돼요. 특히 러시아 아주머니들 중에는 키도

크고 뚱뚱한 사람도 많잖아요.

그래서 축제용 하이힐을 고르는 요령이 있어요. 먼저 발목 부분을 두르는 끈이 있는 구두가 좋아요. 그래야 열심히 뛰는 동안 벗겨지지 않으니까요. 구두의 앞부분 바닥에는 뛸 때 발바닥이 아프지 않도록 두꺼운 깔창을 깔아요. 이 정도 만반의 준비는 해야 높은 하이힐을 신고도 쌩쌩 달릴 수 있지 않겠어요?

최근 러시아의 유명한 화장품 회사나 구두 회사에서 하이힐 신고 달리기 축제를 후원하겠다고 줄을 서고 있어요. 축제가 여자들에게 폭발적일 만큼 인기가 있어서 상품 홍보 효과에도 그만이거든요.

하지만 러시아 여자들 사이에서 하이힐 신고 달리기 축제가 인기 있는 이유는 따로 있어요. 그건 바로 상금 때문이에요. 잠깐의 고통스런 달리기에 걸린 상금이 우리 돈으로 500만 원이나 돼요. 500만 원이면 하이힐을 수십 켤레를 사고도 남을 돈이지요.

7월 초, 상트페테르부르크에서는 러시아 전역에서 몰려든 여자들이 하이힐을 신고 이곳저곳에서 달리기 연습을 해요. 거리를 다니며 다양한 하이힐들을 구경하는 재미도 꽤 있지요.

중국 상하이, 일본 도쿄, 한국 서울, 미국 뉴욕, 오스트레일리아의 시드니에서도 이 축제를 흉내 낸 비슷한 축제들이 열리고 있어요. 하지만 원조인 러시아 하이힐 신고 달리기 축제가 가장 유명세를 치르는 것이지요.

우리 친구들도 엄마한테 러시아의 하이힐 축제에 참가해 보라고 권해 보세요. 상금이 500만 원이라고 하면 하이힐을 안 신는 엄마라도 당장 참가하겠다고 할 거예요. 엄마들은 생활력이 참 강하니까요.

하이힐을 신고 회사를 다니는 엄마들은 단연 우승 후보예요. 하이힐을 신고도 엄청 잘 달리잖아요. 아마도 러시아의 하이힐 신고 달리기 축제에 가면 생활력 강한 우리나라 엄마들이 금·은·동메달을 휩쓸지도 몰라요!

남자도 뾰족구두만 신으면 출전할 수 있어요

" 하이힐은 보통 여자들이 신는 신이지만 남자들도 원한다면 이 대회에 참가할 수 있어요. 다만 9센티미터 이상의 뾰족구두를 신고 출전해야 하니 각오를 단단히 해야 할 거예요. 얼마 전에는 뾰족구두에 미니스커트를 입고 축제에 참가한 한 남성이 최고 인기상을 받기도 했어요. 하지만 하이힐에 익숙하지 않아서 1등은 못했지요. 어쩌면 당연한 일인지도 몰라요. 하이힐을 신고 쌩쌩 달리는 여자들을 어떤 남자가 당해 내겠어요? "

형형색색 신비로운 컬러 축제

인도 홀리 축제

인도의 가장 큰 명절 가운데 하나인 홀리 축제는 지상 최대의 컬러 축제라고 할 수 있어요. 형형색색 온갖 물감을 몸에 바른 사람들이 색색 가루를 다른 사람들에게 마구 뿌려 대는데, 이때는 온 도시가 물감 속에 푹 빠졌다 나온 것처럼 보여요.

인도 사람들 중에는 힌두교를 믿는 사람들이 많아요. 홀리 축제는 힌두교를 믿는 지역에서 주로 열리는데, 대체로 브린다반을 중심으로 인도의 북부 지역에서 성대하게 열려요.

인도 사람들에게는 힌두력이라는 힌두교만의 달력이 있는데, 날짜를 세는 방법이 우리와 조금씩 달라요. 힌두력에는 1년의 마지막 달인 '팔군달(12월)'이 있는데, 이때가 우리나라로 치면 2월이나 3월이에요. 추운 겨울이 지나고 따뜻한 봄과 수확을 거두는 시기가 다가온다고 해서, 1년 중 마지막 보름달이 뜨는 날 홀리 축제를 연다고 해요. 일종의 새해맞이 행사인 셈이지요. 실제로 축제는 이틀 동안 열리는데 첫째 날은 힌두력의 마지막 날이고, 둘째 날이 새해 첫날이랍니다.

인도 사람들은 첫째 날 밤에 보름달이 떠오르면 집집마다 굵은 고목나무나 미리 준비해 둔 나뭇단으로 불을 피워요. 이것을 '홀리카 다한'이라고 하는데, 지난 추위와 어둠의 악령을 불태운다는 의미가 담겨

알록달록 물감을 칠한 코끼리

있지요. 우리나라에서 대보름이 되면 전국에서 짚을 태우는 의식과 비슷해요. 이 홀리카 다한에서 홀리 축제의 이름도 유래되었어요.

둘째 날이 되면 홀리 축제의 백미인 색색 가루 싸움이 펼쳐져요. 시골 마을에서는 작은 규모로 일주일 동안 즐기기도 하지만, 도심에서는 워낙 격렬하게 하다 보니 축제의 둘째 날 오전 10시부터 2시까지만 시간을 정해 두고 해요. 많은 사람이 한곳에 모여 엉키면 위험한 사고도 일어날 수 있으니 미리 방지하기 위해서지요.

축제 기간에는 인도 북부의 대도시를 중심으로 거리나 상점에서 색색의 가루들과 물총, 풍선 등을 팔아요. 축제에 같이 동참해서 새해

죄를 씻기 위해 색색 가루를 뿌리는 모습

맞이를 하고 싶다면 외국인이라도 손쉽게 사서 사용할 수 있지요. 단, 바가지를 쓰지 않도록 주의해야 하겠죠?

인도에는 신분 제도인 카스트 제도가 최근까지 남아 있었어요. 공식적으로는 금지하고 있지만, 아직도 많은 사람이 천민, 귀족을 구분해 가며 살고 있지요. 하지만 홀리 축제에서는 모든 신분과 성별을 벗어던질 수 있어요. 온통 빨강 파랑 물감을 뒤집어쓰고 있으니, 천민이나 귀족을 구분하기란 쉬운 일이 아니겠지요? 축제에서만큼은 평등이 이루어지는 것이지요. 그래서인지 모두들 더 행복해하고 함께 즐기는 축제랍니다.

홀리 축제에 얽힌 전설도 있어요. 아주 옛날, 인도에 시바 신을 믿는 강력한 왕이 있었대요. 하지만 왕의 아들은 비슈누라는 다른 신을 믿었지요. 화가 난 왕은 어린 왕자를 없애려고 몇 번이나 시도했지만 계속 실패를 했어요. 그래서 홀리카라는 여동생에게 어린 왕자를 안고 불에 뛰어들라는 잔인한 명령을 내렸어요. 여동생 홀리카는 불에 타지 않는 신비한 능력을 가지고 있었기 때문이지요.

그런데 웬일인지 왕자를 안고 불에 뛰어든 홀리카가 불에 타 죽고 말았어요. 왕자를 없애려는 사악한 마음을 먹은 탓인지 마법의 힘이 사라지고 말았거든요. 오히려 어린 왕자는 비슈누 신의 구원으로 살아남았고요. 오늘날 홀리 축제의 첫날 '홀리카 다한'이라는 의식을 치를 때 나뭇단과 함께 사람 형상의 인형을 태우는 풍습이 이 전설에서 유래되었어요.

참, 홀리 축제를 보겠다고 인도의 남쪽 지역으로 가지는 마세요. 인도의 남쪽은 너무 더운 지역이라 겨울이 없어요. 그래서 새해를 맞는 봄 축제가 아예 없지요. 남쪽 지역에 사는 인도 사람들은 홀리 축제를 즐기지 않는다는 것을 꼭 명심하세요!

홀리 축제를 즐기는 요령

"하나. 누구에게나 반갑게 홀리 인사를 건넨다. "해피 홀리!"
둘. 물총을 사서 조금 높은 지대에서 쏜다. 어른들과 물총 싸움을 하면 백전백패니까 요령껏!
셋. 인도 사람들은 빨간색을 좋아한다. 빨간색으로 빨리 친해지자.
넷. 거리를 누비는 소에게도 멋진 색색 가루를 뿌려 보자."

오스트리아 보디 페인팅 축제

보디 페인팅은 사람의 몸을 도화지 삼아 온갖 상상과 독특한 기법으로 그림을 그리는 것을 말해요. 사람의 몸을 하나의 예술 작품으로 만드는 것이지요. 예를 들어 내 짝꿍 민규에게 수영복만 입혀 놓고 몸

기상천외한 세계의 축제

에 얼룩무늬를 그려 놓는 거예요. 살아 있는 얼룩말처럼 보이도록 말이지요. 어때요? 상상만 해도 재미있을 것 같지요?

오스트리아에서는 매년 7월 첫째 주말에 '푀르트샤흐'라는 숲속 휴양지에서 세계 보디 페인팅 축제가 열려요. 이 숲속에는 '뵈르터제'라는 호수가 있는데, 정확히 말하자면 이곳이 바로 보디 페인팅 축제가 열리는 곳이에요.

올해로 열다섯 살이 된 이 축제는 전 세계의 사진작가들이나 기자, 특수 분장사, 화가 같은 전문가들에게 더 인기가 많아요. 보디 페인팅 자체를 특별한 예술 장르로 보기 때문이지요. 교통편도 좋지 않고 묵을 숙소도 변변치 않은 시골 호숫가인데, 며칠 동안 열리는 이 축제에 무려 3만 명이 다녀간다니 놀랍지요?

세계 보디 페인팅 축제가 열다섯 살이 되었다고는 하지만 처음부터 이렇게 거창한 축제로 만들 생각은 없었다고 해요. 약 15년 전, 특수 분장을 공부하던 학생들이 서로의 얼굴에 분장 연습을 하고 나서 그냥 지우기가 아까워 파티를 열었는데, 사람들 반응이 매우 좋아 매년 정기적으로 하게 되었다고 해요. 이 파티가 오늘날은 입장표를 구할 수 없을 만큼 인기 있는 큰 축제가 된 거랍니다. 그저 자신의 일을 즐기며 열심히 했을 뿐인데 이런 멋진 축제의 시작이 된 것이지요.

세계 보디 페인팅 축제의 인기가 나날이 높아지면서 최근에는 축제가 열리면 200팀이 넘는 보디 페인팅 아티스트들이 찾아오고 있답니

세상에 하나밖에 없는 보디 페인팅 지도

다. 경쟁도 높아져서 축제가 시작될 때까지 연습하는 모습이나 완성 작품을 보여 주지 않으려고 서로 첩보전을 펼치기도 해요. 그러면서 사람들의 기대감을 한층 높이는 것이지요.

축제가 열리는 호숫가까지 가려면 오스트리아의 수도 빈에서 기차로 5시간쯤 가야 해요. 워낙 시골이라 당연히 비행기도 없어요. 기차로 근처 도시까지 가서 호수로 가는 시골 버스를 갈아타야 하지요. 미래의 특수 분장사가 되고 싶은 친구가 있다면 오스트리아 세계 보디 페인팅 축제에 꼭 한번 가 보도록 하세요.

보디 페인팅을 한 뒤 물속에서 헤엄치는 축제 참가자

 ## 사진작가들에게는 입장료가 비싸요

" 일반 축제 관람객은 우리 돈 5,000원 정도면 들어갈 수 있지만 사진을 전문적으로 찍는 사진작가에게는 사진 촬영비를 받아요. 우리 돈으로 10만 원 정도는 내야 입장할 수 있지요. 200팀의 다양한 보디 페인팅 모델들을 사진으로 담을 수 있으니 그 정도는 싸다고 해야 할까요? "

기상천외한 세계의 축제

네팔 띠즈 축제

띠즈 축제는 네팔 최대의 민속 축제이자 여성이 주인공인 축제예요. 매년 8월 띠즈 축제가 열리면 네팔 여성들은 화려한 사리를 입고 이마에는 '띠까'라는 힌두의 부적을 붙여요. 여성들을 위한 축제이기 때문에 회사에서도 여성들만 쉬게 해 준답니다.

그런데 가만 보면 좀 의아한 점들이 눈에 띄어요. 여성이 주인공인 축제라는데 힘들게 하루 종일 금식을 하고 기도를 해야 해요. 기도 내용도 죄다 남편과 자식을 위한 것뿐이지요. 언뜻 보면 여성이 주인공이 아니라 남편과 자식을 위해 희생하는 여성들의 의무를 강요하고 다짐하는 날 같아요.

그렇지만 네팔 여성들은 이날을 매우 즐거운 축제로 여기고 있답니다. 심지어 금식을 하고 춤을 추다가 탈진해서 쓰러지는 경우도 있는데 말이에요. 띠즈 축제의 유래를 살펴보면 왜 그런지 조금은 이해할 수 있어요.

띠즈 축제는 힌두교의 신화에서 유래되었어요. 네팔도 인도처럼

80퍼센트 이상이 힌두교를 믿는 국가랍니다. 옛날 파르버티라는 여신이 시바 신을 사랑한 나머지 오랫동안 단식을 하며 명상과 기도를 했어요. 이에 감동한 시바 신은 파르버티 여신을 아내로 맞이했지요.

이를 기념하기 위해서 네팔에서는 오래전부터 매년 8월이 되면 축제를 열었어요. 행복한 결혼 생활을 기원하며 네팔 여성들은 축제 기간에 남편의 건강과 장수를 위해 기도했답니다. 파르버티 여신처럼 금식을 하고 기도하는 것을 기꺼이 즐거운 마음으로 받아들였지요.

띠즈 축제 기간이 되면 네팔 여성들은 전날부터 축제를 즐길 준비를 해요. 먼저 여성들끼리 삼삼오오 모여 시장에 가서 맛있는 음식들을 사고 화려한 장신구와 붉은색으로 된 새 옷을 장만해요. 특히 네팔에서 붉은색은 기쁨과 행복을 의미하기 때문에 축제날 입을 옷은 꼭 붉은색 계열로 마련한답니다.

저녁에는 가까운 친지들과 모여서 맛있는 전통 음식을 만들어 먹어요. 같이 모여서 음식도 만들고 흥얼흥얼 노래도 부르지요. 그러고는 밤 12시부터는 금식에 들어가요.

결혼한 여자들에게 띠즈 축제가 더욱 즐거운 까닭은 오랜만에 친정집에 돌아가 부모님과 함께 지내는 풍습이 있기 때문이에요. 친정 부모님들 입장에서도 출가한 딸이 오랜만에 돌아오니 좋을 수밖에 없겠지요?

새벽 2시부터 해가 뜨기 전까지는 강가에 가서 목욕을 해요. 그리고 날이 밝으면 시바 신에게 기도를 올리기 위해 파슈파티나트 사원으로 하나둘 모여들지요. 그래서 아침 일찍부터 사원 근처에는 붉은 사리를 입은 여성들이 길게 줄을 서 있어요. 사원에 들어가기까지 대여섯

여성들을 위한 띠즈 축제

시간 정도 기다리는 건 기본이에요.

도대체 대여섯 시간이나 기다려서 무슨 기도를 하는지도 궁금하지요? 대개 결혼을 하지 않은 미혼 여성들은 좋은 남편감을 찾게 해 달라고 기도하고, 결혼한 여성들은 남편의 건강과 장수를 기원해요.

기도까지 마치면 즐거운 축제가 시작돼요. 목욕과 기도를 마친 네팔 여성들은 거리나 광장에 모여 띠즈를 축하하고, 전통 춤을 추고 노래를 부르며 행복을 기원한답니다.

축제가 끝난 뒤 집으로 돌아온 네팔 여성들은 깨끗한 물을 떠와 남편의 발을 정성껏 씻겨 주어요. 그러고는 그 물을 몇 모금 마시지요. 물론 최근에는 이 마지막 의식을 거의 치르지 않는다고 해요. 아무리 남편을 사랑한다고 해도 발 씻은 물을 마신다는 건 좀 그래요. 문화적인 차이는 있겠지만, 남의 발을 씻은 물을 마신다는 건 위생적으로도 좋지 않으니까요.

 새벽 강가에서는 무슨 일이?

" 띠즈 축제를 맞은 네팔 여성들은 축제날 새벽 2시가 되면 목욕을 하러 강가나 동네 개울가로 모여들어요. 하지만 이 시간에는 너무 어두워서 대개 새벽 4시에서 5시 사이에 가장 많이 모인답니다. 물론 남자들은 가까이 접근할 수 없어요. 몰래 훔쳐보러 갔다가는 혼쭐이 날지도 몰라요. 강가에 모인 네팔 여성들은 서로 머리도 감겨 주고 물도 부어 주면서 몸과 마음을 깨끗이 씻는답니다. "

사진 출처
니스 축제(36쪽) ⓒ zil(CC-BY-SA) | 삼바 축제(56쪽) ⓒ Sergio Luiz(CC-BY)
용선 축제(68쪽, 72쪽, 73쪽) ⓒ 홍콩 관광청 | 세르반티노 축제(78쪽) ⓒ Tlilmiztli(CC-BY-SA)
나담 축제(81쪽, 85쪽) ⓒ Zoharby(CC-BY-SA) | 죽은 자의 날 축제(104쪽, 105쪽) ⓒ 멕시코 관광청
걸신 축제(114쪽, 115쪽) ⓒ 싱가포르 관광청 | 카우보이 축제(128쪽, 130쪽, 131쪽) ⓒ 캐나다 관광청
띠즈 축제(151쪽) ⓒ Drpaudeli(CC-BY-SA)